Gabriele Metz

Razas de gatos

HISPANO EUROPEA

Índice

Gatos de raza 4

Razas de gatos 10
Aquí se exponen todas las razas de gatos reconocidas por la Federación Felina Internacional (FIFe). Están ordenadas en grupos en función de su origen y de la longitud de su pelaje.

Persa y Exótico de pelo corto 10

Gatos de pelo semilargo 16

**Gatos de
pelo corto y Somalí 36**

La familia oriental 76

**Razas reconocidas
oficialmente por la WCF 86**

**Convivir con
gatos de raza 106**
¿Cómo puedo encontrar
a un criador serio? 106
Contrato de compra 107
Mantenimiento del gato 109
Equipo elemental 109
Vacunar y desparasitar 109
Cuidado del pelaje
e higiene 110
Cuidado de las uñas 114
Viajes en coche con el gato 116
Asociaciones felinas 117

APÉNDICES

**Cuestionario:
¿Se sentirá bien
un gato en mi compañía? 120**

Glosario 122

Índice alfabético 126

Gatos de raza

Mininos, tigres caseros, cazarratones, ronro-neadores... a los gatos se les pueden poner muchos nombres, y todos hacen honor a la verdad. A pesar de que en estos pequeños felinos no encontramos una diversidad tan grande como en los perros (que va desde el Chihuahua de 2 kg hasta el Dogo Alemán de 70 kg), si prestamos un poco de atención al mundo de los gatos, veremos que también presenta una gran variedad.

A primera vista, un gato Bosque de Noruega y un Oriental de pelo corto pueden parecer muy distintos, pero tienen más cosas en común de lo que aparentan. Naturalmente, un gato Persa tiene un cuerpo más compacto y un rostro mucho más ancho que un Siamés, y el pelaje de ambos animales también es muy distinto; sin embargo, la fisonomía de ambos animales nos recuerda la de sus antepasados silvestres. Esto tiene un motivo: a los criadores nunca les interesó demasiado que el aspecto de sus animales (fenotipo) se alejase excesivamente del original del gato silvestre. En la cría de perros se ha hecho algo muy distinto, ya que se han concentrado los esfuerzos en obtener razas con unas características físicas que las hiciesen aptas para realizar trabajos muy concretos.

A pesar de que la morfología de todas las razas de gatos se mantiene entre unos márgenes bastante estrechos, existen ciertas diferencias entre unas y otras debidas, entre otros factores, a las condiciones climáticas. Los gatos de regiones frías suelen tener un cuerpo más compacto, un pelaje más largo y una complexión más robusta. Los de las regiones calurosas son más esbeltos, suelen tener el pelo más corto y pueden llegar a carecer de lana.

Las exposiciones felinas se pusieron de moda en la segunda mitad del siglo XIX, y por aquel entonces se distinguían tres tipos de gatos: gatos europeos de pelo corto, de complexión robusta y extraordinariamente fuertes; gatos de Oriente Medio de pelo largo, y esbeltas bellezas del Lejano Oriente. Actualmente se reconocen oficialmente casi 100 razas de gatos que se diferencian entre sí de forma más o menos acusada. En este libro presentamos todas las razas de gatos actualmente reconocidas por la Federación Felina Internacional (FIFe), y unas cuantas más. Se distinguen tres tipos de cuerpos: el esbelto, el medio y el pesado.

Fino y esbelto

En el grupo de los gatos esbeltos encontramos algunos que siempre han gozado de gran aprecio. Tienen un aspecto elegante y distinguido. Los actuales gatos Siameses son un buen ejemplo de este grupo. En las últimas décadas se ha mostrado cada vez más interés por una complexión extremadamente delgada y estilizada. Actualmente, los aficionados a estos gatos se han dividido en dos grupos: los que aprecian la cabeza triangular y un aspecto lo más grácil y esbelto posible, y los que consideran exagerada esta nueva variedad de Siamés.

Pesos medios y pesados

Entre las razas oficialmente reconocidas encontramos muchos gatos que entran en la categoría de los pesos medios. Los gatos Thai, los Burmeses y el Angora Turco son algunos ejemplos de este grupo. En Estados Unidos y en Europa cada vez se aprecian las razas de gatos de tamaño considerable. Entre las razas más populares de la actualidad se encuentran el Maine Coon y el Bosque de Noruega, que pueden llegar a pesar unos 16 kilos.

Para todos los gustos

El decidirse por un gato esbelto y ligero, por uno de talla media o por un gato enorme, ya es algo que depende de los gustos de cada uno. Los tres tipos tienen sus alicientes y cada uno de ellos posee su encanto particular.

El gato Británico de pelo corto (izquierda) experimenta actualmente un auge importante. Los Siameses (a la izquierda en el cesto) y los Orientales de pelo corto son unas de las razas más vivaces.

Pero probablemente sería mejor que usted no se dejase guiar únicamente por la apariencia externa del gato: su carácter individual es un factor muy importante para que la convivencia con el animal se desarrolle en paz y armonía. ¿Le gustan los gatos revoltosos y de carácter turbulento, o preferiría uno más bien tranquilo y dócil?

Gatos sociables

Las novedades son interesantes: los gatos sociables suelen acercarse a la gente. Una vez superado el temor inicial, agachan dócilmente la cabeza para que los acaricien. Todo les interesa, les encanta jugar y pueden llegar a mostrarse muy insistentes si consideran que uno no les hace suficiente caso. Sin embargo, su dueño no puede gozar de los mismos derechos: es el gato el que decide cuándo es hora de jugar o de hacer mimos. Y no hacerles caso puede costar un arañazo.

Gatos tímidos

A pesar de que a los Somalíes generalmente se los considera vivaces y juguetones, ante los extraños suelen mostrarse bastante tímidos. Muchos Somalíes eligen a una o dos personas de confianza a las que dedican toda su atención. A pesar de que se integran bien en un grupo de gatos, siempre conservan su propia identidad. Los gatos Korat y Ceilán tienen fama de ser silenciosos y dependientes. A estas dos razas, la gente ruidosa y nerviosa les produce una gran sensación de inseguridad. Estos maravillosos felinos necesitan vivir con una persona sensible y amante de los gatos.

Muchos gatos tímidos se comportan así a causa de haber vivido alguna mala experiencia. Los gatos recogidos de la calle, los adoptados en un refugio de animales y los que han cambiado varias veces de dueño pueden tener miedo a volver a ser abandonados o mostrarse sumamente tímidos ante la gente. El que se lleve a casa uno de estos gatos necesitará dedicarle mucho tiempo y cariño.

Gatos tranquilos

Los gatos de las razas Ragdoll y Exótico de pelo corto suelen tener fama de ser tranquilos y apacibles. A pesar de que les gusta jugar y participar en todo lo que sucede a su alrededor, son unos de los felinos más tranquilos. Generalmente no plantean problemas con los niños ni con otros animales domésticos.

Al gato Azul Ruso no le gustan las casas con demasiado movimiento. A pesar de que en esta raza puede darse una amplia variedad de temperamentos (desde muy activo hasta extremadamente tranquilo), la mayoría son animales tranquilos y apacibles.

También los de las razas Scottish Fold y Manx necesitan vivir en un lugar poco bullicioso. Al escocés de orejas curvadas le encanta vivir dentro de casa y es muy tolerante. El problema es que la deformación de sus orejas puede provocarle malentendidos con otros gatos, ya que esa posición de las orejas la pueden interpretar como una señal de agresividad. Las personas a las que les gustan las rarezas suelen sentirse fascinadas por el Manx sin cola y el Bobtail Japonés. Son unos animales tranquilos y equilibrados.

Los gatos caprichosos son sensibles y delicados. No pueden vivir en casas en las que haya un poco de bullicio, ya que pueden sufrir graves alteraciones en su comportamiento. Este tipo de gatos solamente es apto para personas con experiencia y que tengan un fino sentido para saber lo que necesitan sus felinos.

¿Sangre azul o callejero?

Por si la elección no fuese ya lo suficientemente difícil, antes de la adquisición de un gato se nos

Un gato sin pedigrí también puede tener su gracia.

plantea otra cuestión fundamental: ¿ha de ser un gato de pura raza, con pedigrí y comprado a un criador competente, o puede ser un gato sin papeles? A lo mejor usted pensará que «eso me da completamente igual, un gato es un gato». Pero existe una diferencia –o quizás muchas–.

Todos son adorables

Antes de entrar en detalle y analizar las diferencias entre los gatos de pura raza y los que no lo son, hay que dejar muy claro que todos los gatos son unos seres adorables y que se merecen el más absoluto respeto por parte de su dueño. Un gato no es más valioso por el sólo hecho de haber costado más dinero.

Un gato abandonado adoptado en un refugio para animales le proporcionará a su nueva familia tanta alegría y cariño como un gatito de raza que posea un árbol genealógico inmenso.

Ansias de aventuras en el mundo exterior

Existen algunas diferencias que no aparecen en cada gato pero que es imprescindible tener en cuenta.

Los gatos «de campo o de bosque» no suelen llevar ese nombre porque sí. La mayoría de los gatos que no pertenecen a ninguna raza en concreto suelen ser animales muy independientes y que valoran mucho su libertad. Les encanta poder salir de casa siempre que lo deseen, y vivir todo tipo de aventuras «libres».

Si a un gato callejero se le priva de esa libertad y se lo tiene siempre encerrado dentro de casa, puede efectuar todo tipo de maniobras de protesta y llegar a experimentar graves alteraciones de comportamiento.

Gatos que se sienten felices dentro de casa

Si no tiene posibilidad de ofrecerle a su gato este grado de libertad será mejor que elija un ejemplar de raza o un gatito que ya haya nacido dentro de alguna casa y que, por lo tanto, no tenga estas ansias de libertad, ya que siempre ha vivido en interiores.

Existen muchas razas que se sienten a sus anchas dentro de casa y que no desarrollan ninguna alteración del comportamiento si se las priva de salir al exterior. A pesar de que esto es un hecho muy claro, siempre sigue habiendo «amigos de los animales» que consideran que tener un gato dentro de casa es maltratar al animal.

¿Le gusta cepillar?

Otra diferencia entre los gatos domésticos y los de raza puede radicar en el cuidado del pelaje. Y no nos referimos a los gatos de raza de pelo corto. Pero los gatos de raza de pelo medio o largo pueden necesitar muchos cuidados. A los gatos Persas hay que cepillarlos y peinarlos a diario; a los de pelo medio hay que cuidarles el pelaje por lo menos una o dos veces a la semana. Los gatos domésticos suelen tener un pelo corto y fácil de cuidar.

Árbol genealógico

¿Se ha decidido por un gato con pedigrí? Entonces acuda a un criador serio que le pueda mostrar todo su árbol genealógico. Éste deberá estar verificado por una asociación felina reconocida y deberá abarcar por lo menos cuatro generaciones. El árbol genealógico también sirve como medio para demostrar la propiedad del animal.

En la cubierta del pedigrí se suele indicar el nombre y la dirección de la sociedad felina en la que está registrado el gatito. En el interior constará el número del registro de crías, nombre y dirección del criador, nombre del gatito, su sexo, fecha de nacimiento, color y raza concreta a la que pertenece.

A continuación se indican también los nombres y el color de los padres, los abuelos y los bis-

De día aventuras por el jardín, y por la noche dormir sobre una piel de cordero –el sueño de muchos gatos–.

abuelos, así como los premios que éstos hayan podido conseguir. Si en el árbol genealógico del gatito existen parientes que no han sido registrados, hay que hacerlo constar expresamente.

Títulos y premios

El pedigrí siempre incluye un apartado en el que el propietario del gato puede anotar los premios obtenidos por su animal en exposiciones y concursos. Los títulos obtenidos (por ejemplo, tres veces CAC, tres veces CACIB) hay que comunicarlos a la federación. Así el premio obtenido quedará registrado y podrá anotarse en el árbol genealógico de las siguientes camadas.

Uno no debe anotar personalmente las posibles correcciones que haya que hacer en el árbol genealógico. Si en algún caso se ha de corregir el color o el sexo, deberá hacerlo un juez elegido en el seno de una exposición internacional reconocida. Si en el pedigrí se incluyen anotaciones o correcciones personales, éste queda invalidado. Los pedigríes se rigen por las normas de las federaciones. Los criadores federados deberán criar sus animales guiándose por las directrices federativas. Si se adquiere un gatito cuyo pedigrí está reconocido por la federación se podrá dar por supuesto que procede de una reproducción controlada.

Condiciones de cría

Una de las normas de muchas federaciones dice que las gatas no podrán ser cubiertas antes de cumplir su primer año de edad y que sólo pueden volver a ser cubiertas cuando hayan transcurrido por lo menos tres meses desde el último alumbramiento. El número de camadas se limita a un máximo de dos en el espacio de doce meses.

Solamente se permite el cruce entre hermanos si antes se ha solicitado, y obtenido, la correspondiente autorización. Para ello es necesario que el criador demuestre que ese cruzamiento servirá para mejorar la estirpe. Los descendientes de este cruzamiento solamente obtendrán su pedigrí después de que un veterinario haya dado el visto bueno con respecto a su salud. Este mismo procedimiento también hay que aplicarlo en aquellos casos en que los padres solamente tengan nueve o menos antepasados distintos. En general están prohibidos los cruzamientos entre individuos de distintas razas, pero se aceptan si pueden influir positivamente en los propósitos de la cría.

Las normas federativas se aplican a la totalidad de los gatos registrados. Así se pretenden evitar los cruces de razas incontrolados, los defectos o enfermedades debidos a la endogamia, y el abuso de los ejemplares reproductores. Los criadores que no son miembros de ninguna federación oficial no están sometidos a ningún control.

¿Gato o gata?

Un buen origen y un pedigrí no lo son todo. A la hora de elegir el animal también hay que tener en cuenta su sexo. ¿Gato o gata? ¿Se diferencian en algo (aparte de lo puramente físico)?

Y ésta es una cuestión que cualquier persona responsable deberá plantearse muy seriamente antes de adquirir o adoptar a su pequeño felino. Hay que pensar si en el ambiente de la casa encaja mejor un gato o una gata.

Ambiciones reproductoras

La gata es ideal para aquéllos que quieran vivir de cerca el placer de tener una camada de gatitos en casa. Si se pretende criar la raza también

Algunas razas necesitan que se les cuide mucho el pelaje.

es mejor optar por una gata que por un gato, que no hará más que maullar, marcar su territorio por toda la casa, y escaparse a la primera de cambio para perseguir a todas las gatitas del vecindario.

Sementales

Claro que también puede darle la vuelta al asunto: usted quiere criar gatos de raza y opta por adquirir un macho muy prometedor. Su casa se convertirá en un lugar de encuentros en el que tendrán lugar tórridas y apasionadas noches de bodas. Pero antes habrá presentado a su Adonis en unas cuantas exposiciones felinas para despertar pasiones entre los asistentes. Tenga esto muy en cuenta: solamente encontrará damiselas para su gato aquél que pueda demostrar sus éxitos y que goce de una fama impecable en el mundillo felino. Cualquier poseedor de un buen semental deberá someterlo a todos los controles veterinarios de forma rutinaria y, naturalmente, los dueños de las gatas deberán hacer lo mismo.

Al pensar en sementales hay que pensar también en el intenso olor que desprenden estos animales cuando marcan sus territorios, y que hacen desistir a más de un aficionado demasiado puntilloso. Sí, hablamos de salpicar gotas de orina; con un olor tal que no sólo supone una ofensa para el olfato de cualquiera, sino que también puede hacer que nuestros amigos más sensibles no se acerquen por casa.

Salpican con orina las alfombras, muebles, manteles y cortinas, y aunque no todos los gatos marquen con la misma intensidad, el peligro penderá constantemente sobre su dueño como una espada de Damocles.

La única forma casi segura de eliminar el problema para siempre es castrar al gato, pero entonces también se acabaron los sueños de obtener una buena descendencia. La mayoría de los gatos castrados dejan de marcar su territorio, pero los estímulos sexuales intensos (como, por ejemplo, ver a una gata en celo) también pueden hacerles salpicar unas gotas de orina. Y lo mismo puede suceder si un gato desconocido irrumpe en su territorio.

Aparte de la castración, existen otros procedimientos que se suelen mencionar cuando se trata de evitar para siempre las marcaciones con orina. Pero de todos modos no existe ninguna garantía absoluta.

¿Gato o gata? Da igual, decídase por el gatito que más le guste.

A veces puede surtir efecto cuidar muy de cerca la educación del gato, pero para ello es necesario pillar al gato marcador «in fraganti» y reñirlo inmediatamente con un tono muy serio. También puede ser útil el empleo de una pistola de agua o aplaudir con fuerza.

Los lugares marcados hay que limpiarlos constantemente, y tan a fondo que no quede ni rastro del olor. Pero esto no resulta tan sencillo, ya que el olor de la orina es muy intenso y los gatos poseen un olfato muy fino.

A algunos gatos se les puede disuadir de marcar mediante la pulverización de diversos aromas (agua con aceites esenciales, como, por ejemplo, el de naranja). Pero los *sprays* comerciales que se venden con esta finalidad suelen ser totalmente inútiles.

También existe una solución médica: en algunos gatos surte efecto un tratamiento con progestágenos (por vía oral o inyectados), pero solamente dura un mes y luego hay que repetirlo –no es una buena solución a largo plazo–. Pida consejo a su veterinario.

Gatas que marcan

Por desgracia, los dueños de gatas tampoco están completamente a salvo de los marcajes. Existen respetables damas cuya habilidad para marcar su territorio es por lo menos igual de buena que la de sus congéneres del sexo masculino. Si se encuentra en este caso, pruebe con alguno de los métodos descritos anteriormente.

Al contrario de lo que sucede con los gatos, las gatas sin castrar nos obsequiarán periódicamente con un espectáculo capaz de poner de los nervios al más templado: me refiero al celo.

Las gatas alcanzan la madurez sexual entre los cuatro y los siete meses de edad. En algunos casos, incluso antes. Aquí desempeñan un papel muy importante las características propias de cada raza así como los factores externos.

La situación es inconfundible: el comportamiento de la gata cambia por completo. Inclina la cabeza lateralmente, la frota contra el suelo y se tumba sobre el dorso dando vueltas. Al mismo tiempo maúlla y emite gemidos en diversos tonos de voz para atraer a algún gato que esté dispuesto a aparearse.

Castración

Si usted solamente desea tener una mascota mansa y tranquila, que se frote la cabeza cariñosamente contra usted, y que no muestre las pautas de comportamiento propias de un gato o gata entero, deberá hacer castrar a su animal en cuanto haya finalizado su crecimiento. Al castrarlos, tanto los gatos como las gatas muestran un comportamiento más tranquilo, suave y equilibrado. En este caso, usted puede elegir desde el principio el gatito que más ilusión le haga –y da igual que sea macho o hembra–.

Muchas y preciosas razas de gatos

Pero dejémonos ya de prolegómenos. Pasemos a conocer a la élite de las razas felinas. En las siguientes páginas hay casi 60 razas de gatos esperando a que usted las descubra. Las descripciones que aparecen en los primeros cuatro capítulos de este libro corresponden a las razas reconocidas por la FIFe (Fédération Internationale Féline). El quinto capítulo lo dedicamos a algunas razas muy apreciadas cuyos estándares han estado establecidos, entre otras, por la World Cat Federation (WCF). En Estados Unidos, Australia y muchas otras partes del mundo, existen razas de gatos que solamente están reconocidas oficialmente por las federaciones locales, pero no por las internacionales. Aquí carecemos de espacio para mostrarlas todas, y además, la mayoría de ellas son extremadamente raras.

Junto a la foto de cada gato encontrará una breve descripción adaptada a los estándares oficiales. Los estándares oficiales completos puede solicitarlos a la FIFe o a la WCF a través de las páginas de Internet de estas federaciones:

➤ **www.fifeweb.org**
➤ **www.wcf-online.de**
➤ **www.asfe.net**

Para muchos criadores el Persa chinchilla es la culminación de su trabajo.

Los gatos Persas siempre han sido, y siguen siendo, los gatos de raza con un mayor grado de popularidad. Un estatus que tienen bien merecido, ya que pertenecen a una de las razas de gatos más antiguas que se conocen. Los Persas no sólo atraen por su hermoso aspecto, sino que también han influido genéticamente en muchas otras razas atractivas. Sin los Persas, que de hecho son originarios de Inglaterra, no existirían actualmente tantas y tan maravillosas razas de gatos con tan hermosos colores.

El inicio de la cría selectiva de estas opulentas bellezas arranca allá por el año 1870. En aquella época, éstos con cara de muñeca todavía eran muy escasos y casi todos pertenecían a miembros de la nobleza. La reina Victoria tenía una hermosa pareja de gatos Persas azules.

Persa con traje veraniego

También el Exótico de pelo corto (Exotic Shorthair) de Estados Unidos es un «descendiente» de los opulentos gatos Persas británicos. Su estándar es idéntico al del Persa, sólo que con un pelo más corto. El que no quiera tener que cepillar y peinar diariamente a su gato será mejor que elija un Exótico de pelo corto en vez de un Persa. En la creación de la raza Exótico de pelo corto, que tuvo lugar en las décadas de 1950 y 1960, no sólo intervinieron gatos Persas. En algún momento debió intervenir también una raza de pelo corto. ¿La solución del enigma? Para crear una raza nueva, los pioneros de la cría del Exótico emplearon ejemplares del American Shorthair (Americano de pelo corto), e incluso del Azul Ruso y del Burmés. Pero, de hecho, el propósito original no era éste. Se habían introducido gatos Persas en la estirpe del American Shorthair para mejorar la calidad de su pelaje y su apariencia. Se prestaba mucho interés al gen plateado del Persa de pelo largo. Así, la base de la reproducción del Exótico de pelo corto procede de los intentos de cruzamiento del Persa con el American Shorthair.

Paleta multicolor

Lo que más sorprende en la categoría I de los estándares de la FIFe es la gran variedad de colores que se aceptan en el gato Persa y en el Exótico de pelo corto: blanco, negro, azul, rojo, crema, chocolate, lila, todas las combinaciones parciales, todas como bicolor, arlequín o Van, con dibujo tabby y con plateado o dorado. Y además existen también los preciosos colourpoints. Realmente, nadie podrá decir que no encuentra su color favorito.

Los Persas y los Exóticos –dejando aparte la longitud del pelo– no sólo tienen una constitución física muy similar sino que también se comportan de forma muy parecida. Ambas razas no se incluyen precisamente entre los gatos hiperactivos y que

Por su delicado pelaje, no conviene que los Persas salgan demasiado al exterior.

van siempre de un lado a otro investigándolo todo y a todos. Estos felinos prefieren tomarse la vida con calma y serenidad, lo cual no implica que no les guste jugar. Son los gatos ideales para quien busque un compañero tranquilo y de rancio abolengo que pueda pasarse horas en el sofá junto a su dueño dejándose mimar. A estos grandes señores, las prisas, la agitación y el bullicio les suponen un verdadero suplicio.

Y esto también se aplica a las excursiones todo-terreno: los gatos Persas no se llevan bien con aquéllos a los que les gusta estar todo el día fuera de casa. El que opine que los gatos han de estar siempre en el jardín, será mejor que se decida por un gato europeo de pelo corto. El denso pelaje del Persa tiende a enredarse y las aventuras al aire libre suelen acabar en desastre. Luego es muy difícil eliminar todas esas ramitas, briznas de hierba y suciedad que se traen a casa

como recuerdo del jardín. El Exótico de pelo corto está algo más adaptado a ese tipo de excursiones por la naturaleza, pero tampoco es un gato muy aventurero.

Hay que evitar los extremos

En el pasado se habló mucho de un grupo de Persas y Exóticos de pelo corto, pero no precisamente por sus limitadas aptitudes en el exterior. Tenía más que ver con su abundante reproducción, lo cual fue en detrimento de la salud de los animales. La nariz cada vez era más chata y se desplazaba hacia arriba. En Estados Unidos incluso llegaron a ponerse de moda los llamados Peke Faces, en los que la nariz queda situada prácticamente entre los ojos. Pero estas alteraciones tienen unas consecuencias fatales para el animal: problemas respiratorios, ojos siempre con legañas y flujo constante de secreción nasal.

En Europa, las tendencias vuelven a ir en la dirección correcta. Se aprecian más los gatos con caracteres menos exagerados que esas criaturas deformes, enfermizas y con una calidad de vida tan limitada –y es bueno que así sea–. Pues la raza reina de los felinos debería seguir siendo lo que fue: un gato muy bonito, tranquilo y sano.

Los Exóticos de pelo corto son más fáciles de cuidar que los Persas.

Persa 12

Exótico de pelo corto 14

Persa

Tipo: tamaño medio, macizo

Cabeza: redonda, maciza, abombada, orejas pequeñas y redondeadas con penachos de pelo; ancha en la zona del hocico, nariz corta y ancha

Ojos: grandes, redondos, expresivos; color según la variedad

Cuerpo: macizo, musculoso, patas cortas, pecho ancho y profundo

Cola: corta, con pelaje denso

Pelaje: sedoso, suave, largo, denso

Colores: pelajes unicolores (negro, azul, crema, chocolate, lila, rojo); blanco; tortuga; smoke; bicolores, arlequín, van; tabby; silver y golden; colourpoint

Pura opulencia –el clásico entre los gatos de pelo largo–.

Para algunos representa la culminación en lo que respecta a las razas nobles de gatos, para otros supone una pesadilla por lo mucho que hay que cuidarlo; pero a pesar de todo, durante casi un siglo han conseguido ser el gato de lujo más apreciado en todo el mundo. Es la raza ideal para los que buscan un gato de hermoso pelaje, con cara de muñeca, mimoso y con un temperamento tranquilo.

Los gatos Persas pertenecen a una de las razas más antiguas que se conocen. Muchas otras razas artificiales deben su calidad a la influencia de este peludo y majestuoso felino. Es probable que los primeros gatos de pelo largo llegasen a Inglaterra procedentes de Turquía. Al principio se los identificó como gatos de Angora, y la verdad es que se parecían mucho al actual Angora Turco. En la misma época, llegaron a Inglaterra unos gatos procedentes de Persia que tenían la cabeza más redonda y

el pelaje más denso. No tardaron en realizarse cruzamientos entre ambas razas, dado que las dos tenían el pelo largo y encajaban bien entre sí. En aquella época los gatos de pelo largo eran una rareza, hasta el punto de que llegaron a llamar la atención de la Casa Real británica. La reina Victoria se hizo con una pareja de bellezas azules de pelo largo y se convirtió en ejemplo para muchos aficionados a los gatos. En todas partes aumentó la demanda de gatos similares, pero éstos eran escasos y resultaban muy difíciles de conseguir.

A partir de 1870 se puede hablar ya de una cría selectiva en serio destinada a fijar y mejorar la cara de muñeca del gato Persa. Desde entonces se ha trabajado muchísimo para poder proporcionarnos una de las más espectaculares razas de gatos que existen. Actualmente existen gatos Persas con una gran variedad de colores y pelajes: pelajes unicolores (ne-

gro, azul, crema, chocolate, lila, rojo); blanco; tortuga; smoke; bicolores, arlequín, van; tabby; silver shaded, silver shell (chinchilla), golden shaded y golden shell; colourpoint.
La hermosa variedad plateada se divide a su vez en chinchilla (la de tono más claro) y silver shaded (la variante oscura).

Un sueño de gato

Para mucha gente, los Persas son un sueño convertido en gato. En las exposiciones, los curiosos se aglomeran ante las jaulas de estas bellezas, y ante ninguna otra raza se escuchan tantos comentarios de admiración como sucede con estos majestuosos representantes del mundo gatuno.
Pero la difusión de esta raza también acarrea sus peligros: no todos los criadores son lo serios que debieran, y no todos realizan sus cruzamientos teniendo en cuenta la pureza y la salud de la descendencia; por este motivo conviene dedicar mucho tiempo a buscar un criador competente y visitarlo para observar de cerca sus animales y sus instalaciones. Y también hay algo más que conviene tener muy en cuenta antes de comprar un gato Persa.

Cuidado del pelaje

El denso y suave pelaje del gato Persa exige un cuidado constante y meticuloso. El que se decida por una de estas bellezas de pelo largo deberá aceptar que el hecho de cepillar y peinar a su gato es algo que pasará a formar parte de la rutina cotidiana. De lo contrario el pelo se enreda, aparecen problemas de piel, y al final no hay más remedio que cortarle el pelo. Pero la tijera nunca es una alternativa fácil de aceptar para el orgulloso propietario de un gato Persa: pueden pasar meses antes de que el felino recupere toda su be-

lleza. Y durante los dos cambios de pelo que se producen a lo largo del año hay que aumentar aún más los cuidados. Después de la muda, las variedades plateadas incluso parecen más oscuras de lo normal.
Volviendo al comportamiento: los gatos son animales muy limpios. Cada día dedican varias horas a su aseo personal y se ocupan de mantener su pelaje en orden. Los gatos de pelo corto se bastan por sí mismos para cuidar de su pelaje, pero éste no es el caso de los de pelo largo. Necesitan ayuda humana, y los Persas son un magnífico ejemplo de eso. Si no se los cuida a diario, no tardan en tener serios problemas de higiene y de salud. No hay otro modo de hacerlo.

Exótico de pelo corto

Tipo: mediano a grande, macizo
Cabeza: redonda, maciza, cráneo ancho, frente redondeada; mejillas llenas; nariz corta y ancha; orejas pequeñas, muy separadas y en posición baja
Ojos: grandes, redondos, muy separados entre sí, expresivos, de color claro
Cuerpo: grueso, patas cortas, pecho ancho, paletillas robustas, musculoso
Cola: corta, con pelo denso, punta redondeada
Pelaje: corto, denso, suave, afelpado
Colores: los mismos que los del Persa

Un gato Persa de pelo corto –y, por lo tanto, más fácil de cuidar–.

¿Ha soñado siempre con tener un gato Persa, pero le horroriza la idea de tener que dedicar 20 minutos diarios a cuidarle el pelo? Entonces el Exótico de pelo corto (Exotic Shorthair) podría ser una buena alternativa para usted. A estos gatos de pelo corto también hay que cepillarlos con frecuencia, pero el trabajo es mucho más soportable que en el caso de los Persas de pelo largo. Esta variante de pelo corto del Persa tiene el mismo temperamento y la misma constitución física que su pariente de pelo largo, sólo que va más «ligero de ropa». Su pelaje denso, suave y afelpado recuerda al de un osito de peluche e invita a acariciarlo. Su pelo no tiene tendencia a enredarse, por lo que es fácil conseguir que el gato tenga un buen aspecto dedicándole relativamente poco tiempo.

Después de todo, el Persa de pelo corto no es un gato que exista desde siempre. Los Exóticos de pelo corto no son un producto de la naturaleza sino una raza creada artificialmente y cuyos orígenes hay que ir a buscarlos en las décadas de 1950 y 1960: en Estados Unidos, el lugar de origen del Exótico de pelo corto, se cruzaron Persas con American Shorthair. El cruzamiento de estas dos razas debía servir para mejorar las características del American Shorthair, proporcionándole una cabeza más redonda y un pelaje más sedoso.

En 1966, la CSE (Cat Fanciers Association) estableció una categoría para cruces de Persa y American Shorthair. El estándar se basó en el del Persa. A pesar de que en los primeros tiempos solamente estaban reconocidos los cruzamientos entre American Shorthair y Persa, actualmente las normas han cambiado y se pueden cruzar con el Persa otras razas de pelo corto.

Los principios

A pesar de que al principio estos ositos de peluche con cara de muñeca no presentaban unas características muy uniformes y estaban bastante lejos de un estándar ideal, la raza empezó a ganar adeptos rápidamente. Tampoco cambió nada el hecho de que muchos criadores de gatos Persas americanos atacasen la «pureza» de esta raza.

El cruzamiento de Persas de la máxima calidad con Exóticos de pelo corto sentó una amplia base genética y marcó el inicio de una raza estable. Hasta ese momento, cruzar dos Exóticos de pelo corto no constituía una alternativa satisfactoria. Los gatos más definidos y con un mejor pelaje se obtenían cruzando un Exótico de pelo corto con un Persa.

Actualmente se siguen cruzando los Exóticos de pelo corto con los Persas para ampliar la base genética y corregir defectos fenotípicos. Pero al contrario de lo que sucedía antes, hoy en día se pueden obtener Exóticos de pelo corto perfectos sin recurrir al cruzamiento con Persas.

Un gato doméstico ideal

A estos señores de pelo corto les encanta descansar ronroneando sobre el sofá, dormir enrollados en el regazo de su dueño, y pasar algunas horas entretenidos con el arañador. Pero esto no significa que estos gatos sean perezosos o letárgicos. Les gusta estar con gente tranquila y hacen que todo discurra más relajadamente.

El carácter equilibrado y tranquilo de esta raza los convierte en unos exce-

lentes gatos domésticos. El Exótico de pelo corto se acerca muy suavemente a su dueño y se comporta como si estuviese esforzándose por no molestar. De vez en cuando también le gustan los juegos y los mimos, pero la energía que pone en ello no se puede comparar con la de la mayoría de gatos orientales. El suave tono de voz del Exótico de pelo corto complementa perfectamente su carácter pacífico y amigable. A los amantes del Exótico les encanta el modo de ser de esta variante de Persa con el pelo corto. Se trata de una raza equilibrada, de comportamiento amistoso y sociable, curiosa, robusta y despierta —siempre que el gato proceda de un criador responsable, que realice los cruzamientos adecuados, que cuide bien a sus animales y que les proporcione los cuidados veterinarios necesarios—.

A estos adorables gatos les encanta salir a investigar lo que sucede en el jardín, en un cercado, o en una terraza, pero tampoco les resulta imprescindible. El Exótico de pelo corto puede vivir perfectamente sin salir de casa para nada.

El Van Turco es una raza escasa en Europa.

Debe suceder algo con la categoría II: los gatos de pelo semilargo han experimentado un importante auge en los últimos años. En esta carrera, los primeros puestos los ocupan, con diferencia, el Maine Coon y el Bosque de Noruega. En Europa es difícil encontrar las variedades americanas de orejas curvadas; son gatos que sólo resultan interesantes para los amantes de lo extraño. Sin embargo, los Turcos, Sagrados de Birmania, Siberianos y Nevas no son rarezas a las que haya que buscar con lupa.

Las estrellas indiscutibles

De todos modos, su popularidad no se puede comparar con la del Maine Coon y la del Bosque de Noruega. Estos «amables gigantes» y los adorables habitantes de los bosques del norte de Europa se han ganado el cariño de un gran número de europeos. Sin embargo, este aumento de popularidad no sólo ha aportado beneficios a sus razas. Empezaron a surgir criadores como setas, y la mayoría de ellos no disponían de los conocimientos ni la seriedad profesional como para poder criar gatos con un mínimo de garantías. Pelaje de mala calidad, forma defectuosa, problemas de temperamento y deficiencias de salud son solamente algunas de las consecuencias de una cría orientada únicamente hacia el provecho económico.

Afortunadamente, también existen criadores ejemplares a los que les importa más la salud y el carácter equilibrado de sus gatos que el hecho de obtener beneficios rápidamente. Y si además el gato se corresponde con el estándar de su raza –lo cual suele ser habitual con los criadores serios– entonces el aficionado a los gatos ve el mundo bajo una nueva luz. Vale la pena visitar a alguno de estos criadores.

La categoría II de la FIFe (Semi-Longhair) reconoce nueve razas distintas: American Curl de pelo largo, American Curl de pelo corto, Maine Coon, Bosque de Noruega, Ragdoll, Sagrado de Birmania, Siberiano, Angora Turco y Van Turco. Al precioso Neva Mascarade se lo considera como una variedad del Siberiano.

A estos gatos se los puede definir como de pelo semilargo o de pelo medio largo, lo cual viene a ser exactamente lo mismo. Lo que ya no es tan exacto es la longitud del pelo de los representantes de cada raza a escala individual, ya que ésta puede variar bastante. Una muestra de esto es el hecho de que distingamos entre American Curl de pelo largo y American Curl de pelo corto. De hecho, la mayoría de estos gatos americanos de orejas curvadas están en un punto intermedio. De todos modos, el pelo de un gato de pelo semilargo no deberá ser tan largo como el que se define para un gato Persa, ni tan corto como los de las razas de pelo corto.

Fáciles de cuidar

Otra de las ventajas de estas bellezas de pelo semilargo es que no dan excesivo trabajo a sus dueños. Decir que estos gatos no necesitan ningún cuidado y que el pelo nunca se les apelmaza sería mentir descaradamente, pero sí es cierto que basta con cepillarlos bien una o dos veces a la semana. Si esto sigue pareciéndole mucho trabajo, será mejor que se decida por un gato de pelo corto. Esos ya se cuidan por sí mismos de mantenerse siempre impecables.

El propietario de un gato de pelo semilargo deberá prestar especial atención a la región ventral, la cara interna de las patas, las axilas y el pelo de detrás de las orejas. En esas zonas pueden formarse nudos que, si no se retiran a tiempo pueden llegar a producir grandes enredos de pelo. El trabajo que pueda dar un gato depende principalmente de la longitud y características de su pelo; y también de si se piensa acudir con él a exposiciones o no. Para poder competir en la feria de las vanidades es necesario dominar algunos aspectos más técnicos.

Compañeros de aventuras en plena naturaleza

A pesar de que cada gato tiene muy definida su propia personalidad, en la mayoría de los gatos de pelo semilargo se observan unas similitudes que van más allá de la longitud de su pelo. De este modo, los Siberianos, Bosques de Noruega, Maine Coon, Van Turco y Angora Turco han demostrado ser verdaderos amantes de la naturaleza. A todos ellos les gusta salir al jardín, y no dudan en fugarse de cercados y terrazas en cuanto ven la más mínima oportunidad. Su espeso pelaje está hecho para correr aventuras al aire libre.

El temperamento de estos robustos cazarratones también es algo a tener en cuenta. A pesar de no ser tan inquietos y activos como la mayoría de razas orientales, tampoco son nada perezosos. Es importante que su dueño les proporcione un buen rascador y un árbol para trepar dotados de soportes bien estables, así como juguetes capaces de resistir un trato muy duro. En estas razas, el temperamento y las ansias de salir al exterior suelen ir unidos a una psique bastante fuerte. Y esto los convierte en unos perfectos gatos familiares. Generalmente aceptan muy bien a los niños, así como a los perros y otros animales domésticos, y tampoco se excitan demasiado si alguna vez en la casa hay más barullo del habitual.

El Maine Coon es uno de los gatos de pelo semilargo más populares.

American Curl 18

Maine Coon 20

Bosque de Noruega 22

Ragdoll 24

Sagrado de Birmania 26

Bosque de Siberia 28

Neva Mascarade 30

Angora Turco 32

Van Turco 34

American Curl

Tipo: tamaño medio
Cabeza: más larga que ancha, forma de cuña, perfil ligeramente proyectado hacia delante
Ojos: en forma de nuez, párpado superior ovalado, inferior redondo
Cuerpo: constitución semipesada, alargado, delgado, moderado desarrollo muscular
Cola: larga, con la base ancha, punta ligeramente redondeada, pelaje abundante
Pelaje: sedoso, fino, generalmente semilargo
Colores: todos excepto chocolate y canela y sus tonalidades

Un gato de orejas curvadas para aquéllos a los que les gustan las rarezas.

Lo más destacado de este gato son sus orejas curvadas hacia atrás. Por lo demás, el American Curl parece un gato doméstico –del cual desciende– a veces con pelo largo y otras con pelo corto. Su carácter apacible y sociable lo convierte en una buena mascota. Su inteligencia puede plantear más de un desafío a los aficionados a los gatos. Esta interesante raza es muy popular en Estados Unidos y goza de una gran difusión, pero en Europa es bastante rara.

Parece ser que el origen de la raza American Curl se debe a una mutación espontánea en gatos domésticos normales y corrientes. Por lo visto siempre ha habido gatos que tenían las orejas curvadas hacia atrás, lo que pasa es que nadie se había tomado la molestia de criar estas rarezas hasta conseguir fijar la mutación. Y la cosa no cambió hasta principios de los años 1980. Una pareja de criadores del sur de California encontró en la entrada de un garaje un gato negro de pelo largo y con unas orejas muy extrañas. Se llevaron a ese curioso gato sin dueño y con él iniciaron la raza American Curl.

Reconocimiento

Esta raza tuvo tanto éxito que al cabo de poco tiempo ya había Curls de pelo largo y de pelo corto. Las grandes federaciones felinas no pudieron pasar por alto a un gato que para muchos resultaba sorprendente. Los American Curl fueron reconocidos por la TICA en 1987, cuatro años más tarde los reconoció la CFA, y desde 2002 también están reconocidos por la FIFe. A todo esto existen ya gatos «de orejas curvadas» con todos los colores y dibujos imaginables. Los únicos que no están reconocidos son los de color chocolate y canela, en sus diferentes tonalidades y en sus posibles combinaciones (bicolor, tricolor, tabby, point). El color de los ojos ha de ser uniforme y ha de combinar bien con el del pelo. En los colourpoint se busca que tengan los ojos de color azul intenso.

Su popularidad va en aumento, y eso es algo que no puede sorprender a nadie que conozca a los American Curl. Son gatos muy cariñosos y de un carácter muy apacible. Su inteligencia y su capacidad de aprendizaje los convierten en animales muy interesantes y divertidos, y su gran tolerancia hace que raramente tengan problemas con sus congéneres o con otros animales domésticos.

Cuidados

El pelaje de este gato americano de tamaño medio es bastante fácil de cuidar, pero conviene cepillarlo periódicamente para que conserve su brillo natural. A los American Curl de pelo largo es necesario cepillarlos frecuentemente durante sus dos mudas anuales. Según el estándar de la raza, el pelo ha de ser liso y sin lana inferior. La cola tiene un pelaje plumoso. El pelo del cuello no está tan desarrollado como en el Maine Coon o en el Bosque de Noruega.

La calidad de un American Curl no depende sólo de su carácter sino también de cómo estén curvadas sus orejas. Su inclinación hacia atrás no debe ser superior a 180º ni inferior a 90º. Las orejas están situadas a media altura y su parte inferior es de cartílago duro, debiendo ser su base amplia y abierta. Las puntas de las orejas, que corresponden a un tercio de la longitud total de las mismas, se doblan de forma redondeada y deberán ser lo suficientemente elásticas como para poder ponérselas en posición normal. No deben tocar la parte posterior del pabellón auditivo. Y también hay otra cosa importante: la simetría de las orejas. Ésta se puede comprobar del siguiente modo: observe los bordes externos de las orejas y prolónguelos mentalmente a través de las puntas. Si estas prolon-

gaciones se cruzan en el centro de la cabeza es que se da la simetría deseada. Los penachos de pelo que salen de las orejas redondean la imagen del American Curl ideal.

Estos simpáticos gatos de orejas curvadas son ideales para las personas amantes de lo extraño. Y también para aquéllas dotadas de una gran confianza en sí mismas. Pues hay algo que se puede dar por descontado: el propietario de un American Curl tendrá que oír los comentarios más dispares acerca de su gato. Pero esto es algo que a los verdaderos amantes de la raza no les molesta lo más mínimo.

Maine Coon

Tipo: grande, fuerte
Cabeza: mediana, cuneiforme, perfil cóncavo, frente ligeramente abombada, pómulos altos, orejas grandes
Ojos: grandes, bien separados, ligeramente ovalados, de color claro
Cuerpo: largo, rectangular, de fuerte constitución ósea, musculoso, pecho ancho
Cola: larga, ancha en la base, se va afinando en la punta; pelaje largo y flotante
Pelaje: manto denso y sedoso, pelusa suave y fina con capa exterior impermeable; pelo corto en la cabeza, paletillas y patas
Colores: todos excepto colourpoint, chocolate, canela, lila y fawn

Superfuerte –en él todo es de talla XXL–.

Los americanos llaman cariñosamente *Gentle Giant* a este Goliat de los gatos, y con ello describen tanto el carácter afable como la sorprendente talla del Maine Coon. Es muy probable que las citas de ejemplares de más de 20 kg entren de lleno en el campo de la fantasía y las leyendas, pero lo cierto es que el Maine Coon es un gato grande –incluso muy grande–.

Si se lo compara con otras razas de gatos similares como el Bosque de Noruega y el Siberiano, el representante del norteamericano estado de Maine se lleva la palma en cuanto a tamaño, y en la báscula también supera de largo a los demás. Un Bosque de Noruega que pesara 12 kg habría que calificarlo de obeso, mientras que un Maine Coon esbelto y en buena forma física supera tranquilamente los 10 kg.

Pero es mejor evitar los ejemplares demasiado grandes y pesados, ya que el exceso de peso les daña los huesos, los ligamentos y los tendones. Además, en los Maine Coon se han observado casos de displasia de cadera, que es una enfermedad más propia de los perros. Y una deformidad en la articulación de la cadera resulta terrible para un predador tan activo, al que le gusta trepar a árboles inmensos, que es capaz de dar saltos increíbles y que captura a sus presas con la velocidad del rayo.

¿Un gato mapache?

Se ha discutido mucho acerca del origen del nombre de «Maine Coon». Que lo de «Maine» proviene del estado norteamericano del mismo nombre queda fuera de dudas, pero es la palabrita «Coon» la que nos trae de cabeza. Parece ser que «Coon» procede del vocablo inglés *racoon*, que en castellano significa «mapache». Por lo tanto, es posible que haga referencia a la cola del mapache y que a la persona que le otorgó el nombre a esta raza le viniese a la mente la imagen de un mapache mientras observaba a uno de estos gatos.

Sin complicaciones

El que se decida por un Maine Coon se dará cuenta de por qué esta raza, cuyos orígenes datan de mediados del siglo XIX, goza actualmente de una popularidad tan enorme. No sólo son unos animales dotados de un carácter maravilloso y sin complicaciones, sino que además son muy fáciles de cuidar.

A pesar de que son unos gatos que sin duda están muy ligados a la naturaleza, también se adaptan muy bien a la vida familiar y disfrutan de las caricias y los juegos con su dueño.

Los Maine Coon no son tan parlanchines como los gatos orientales ni tan serios como los de otras razas esbeltas. Tienen un temperamento tranquilo y equilibrado, aunque tampoco es raro que se exciten alguna vez al día.

Compañeros

Dado que los Maine Coon son gatos muy sociables, no habría que privarlos nunca de la compañía de los de su especie. Lo ideal sería adquirir dos gatitos y dejar que creciesen juntos. Dos o tres gatos no se aburren jamás, y tampoco tienen ningún problema si su dueño se ausenta de casa durante muchas horas al día. Para un Maine Coon que viva solo, la vida cotidiana puede acabar convirtiéndose en gris y aburrida, lo cual antes o después le llevará a ensuciar y a mostrarse introvertido.

Aire libre

Si realmente quiere darle una alegría a su Maine Coon, dele la oportunidad de salir frecuentemente al exterior. A estos gatos tan ligados a la naturaleza les encanta salir al aire libre y pueden pasarse horas en el jardín observando a los pájaros que pasan, e intentando atrapar al vuelo a algún que otro insecto. Si no dispone de ningún cercado al aire libre para su Maine Coon, a lo mejor puede proteger un balcón o una terraza con red para gatos, de modo que su

ronroneante compañero pueda disfrutar de un lugar al sol. En las tiendas de animales venden redes de seguridad especiales para gatos, y los nuevos modelos son muy fáciles de instalar.

Gato de bosque de Noruega

Tipo: grande
Cabeza: triangular; perfil recto sin ruptura, pelo con pinceles de lince en las orejas
Ojos: grandes, almendrados, ligeramente oblicuos
Cuerpo: fuerte, alargado, robusto; patas largas, las traseras más que las anteriores; mechones de pelo entre los dedos; musculatura considerable
Cola: larga y peluda
Pelaje: doble, pelo semilargo, capa inferior densa y lanosa, manto impermeable y reluciente; pelo largo en espalda y flancos; gorguera, collarín y calzón bien tupidos
Colores: todos excepto colourpoint, chocolate, lila, canela y fawn

Belleza nórdica con pinceles de lince en las puntas de las orejas.

Pinceles de lince en las orejas que brillan a contraluz, una melena como la de un león, una cola muy peluda y unos densos «calzones cortos» en las patas posteriores, éstas son algunas de las características del gato de Bosque de Noruega. Estos encantadores felinos del norte no son tan grandes como los «Gentle Giants» (Maine Coon), pero también alcanzan una talla espectacular. Su manto impermeable y su densa capa lanosa le permiten aparentar un tamaño mucho mayor del que tienen en realidad. La parte inferior de sus pies está protegida por unos largos mechones de pelo que lo protegen de la nieve y evitan que se hunda en la nieve en polvo –«raquetas para la nieve»–.

Estos gatos descienden de gatos domésticos asilvestrados, por lo que son sumamente adaptables. A pesar de que sus antepasados vivían en las casas rurales de Escandinavia y llevaban una vida casi salvaje, estos grandes gatos de las frías regiones septentrionales se adaptan perfectamente a la vida doméstica. Si disponen de un rascador bien firme, juguetes, por lo menos un compañero de su raza, se les proporciona una alimentación equilibrada y se les dedica algo de tiempo, nada impedirá que se sientan a sus anchas.

Es muy aconsejable proporcionarles un cercado al aire libre o una terraza protegida. Si usted le da a su Bosque de Noruega la oportunidad de estar en el exterior, no tardará en darse cuenta de que este robusto animal no le tiene ningún miedo al viento ni a la lluvia. La grasa de su manto le protege de la humedad, mientras que su densa capa inferior lanosa lo mantiene confortablemente caliente.

Un poco de acción, ¡por favor!

El Bosque de Noruega es un animal sociable al que le encanta disfrutar de la compañía de los de su raza. Son gatos temperamentales que odian la soledad. No es nada aconsejable tener un solo ejemplar de Bosque de Noruega si uno pasa habitualmente gran parte del día fuera de casa. Incluso teniendo varios, su dueño ha de tener en cuenta que estos gatos van a necesitarlo.

La relación entre el gato y su dueño es un aspecto muy importante en el mantenimiento de esta raza: a estos adorables gatos les encanta convivir con la gente y se sienten miembros de la familia por derecho propio. Les gusta participar en todo y nunca hay que marginarlos de la vida cotidiana. El Bosque de Noruega se interesa por todo lo que sucede a su alrededor.

Bien adaptado

Estos felinos, a los que en el siglo XIX se conocía como gatos-duende, son una obra maestra de la evolución. Su organismo se ha adaptado magníficamente al cambiante clima subártico de los bosques de Escandinavia. Los inviernos noruegos son gélidos, pero en verano puede hacer mucho calor. Estas condiciones tan dispares exigen a los animales una gran capacidad de adaptación.

El Bosque de Noruega ha conseguido adaptarse a la perfección: durante el invierno está protegido por un grueso abrigo, su espesa lana lo protege de las temperaturas polares; el pelo de la capa exterior del manto está impregnado de una grasa que lo protege del agua, de la humedad y del viento. Sus orejas están provistas de unos mechones de pelo que las protegen del frío. También los pelos situados entre los dedos de las patas ayudan a proteger al Norsk Skogkatt del frío.

Origen

El origen de estos temperamentales y adorables moradores de los bosques noruegos está envuelto en mi-

tos y leyendas. Parece ser que, una vez, el dios Thor intentó levantar un gato de Bosque de Noruega. Pero le resultó demasiado grande y pesado. Por lo visto, también la rubia diosa Freja sabía apreciar la fuerza de los gatos de bosque: según la mitología escandinava, el carro de Freja estaba tirado por gatos de bosque.

El inicio de la cría selectiva ya está mejor documentado: el estándar establecido en 1972 se basó en las características de un gato llamado «Pans Truls». Pero el reconocimiento de la FIFe se hizo esperar hasta 1976. En 1977, los gatos de Bosque de Noruega obtuvieron por primera vez el estatus de campeones.

Ragdoll

Tipo: grande, sólido, aspecto fuerte

Cabeza: tamaño mediano, ancha, cuneiforme, carrillos bien desarrollados, hocico redondeado y medianamente largo

Ojos: grandes, ovalados, azules

Cuerpo: largo, musculoso, pecho ancho, huesos moderadamente robustos; patas de longitud media, las traseras más largas que las delanteras

Cola: larga, tupida, gruesa en la base

Pelaje: semilargo, denso, suave, textura sedosa, largo en el cuello, corto en la cara

Colores: dibujos: bicolor, colourpoint, mitted; colores: seal, azul, chocolate, lila, rojo, crema

Nada que ver con una marioneta.

Durante mucho tiempo, los Ragdoll fueron los gatos norteamericanos más cuestionados, y todavía hoy en día siguen teniendo una fama que nada tiene que ver con la realidad: muchos aficionados a los gatos siguen creyendo que los Ragdoll son insensibles al dolor, lo cual, naturalmente, es del todo falso. Independientemente de que se trate del reconocimiento de la raza o de las supuestas y espectaculares características de los Ragdoll, el caso es que durante muchos años estos hermosos felinos se encontraron en el centro de un fuego cruzado de la crítica. Pero actualmente las aguas ya han ido regresando lentamente a su cauce. A pesar de que aún duran los pleitos entre la creadora de la raza, Ann Baker, y los numerosos criadores de Ragdoll repartidos por todo el mundo, hay algo en lo que todos los criadores están de acuerdo: los Ragdoll no son más que unos gatos completamente normales. La leyenda de la insensibilidad al dolor y otras increíbles facultades de los Ragdoll existe desde que apareció esta raza. Es difícil demostrarlo, pero la verdad es que fue la propia creadora de esta raza la que empezó a difundir por todo el mundo unos horripilantes rumores acerca de sus gatos.

El origen del Ragdoll se sitúa en la pequeña ciudad californiana de Riverside. Allí fue donde, en la década de 1960, Ann Baker cruzó una gata blanca parecida a las de Angora con un macho Sagrado de Birmania. Los gatitos obtenidos de este apareamiento fueron la base para la creación del Ragdoll.

Un trágico accidente

¿Pero qué tenían estos gatitos de particular? En principio nada, excepto que eran especialmente dóciles, simpáticos y pacíficos. Pero Ann Baker veía las cosas de un modo muy distinto: la madre de los gatitos, Josephine, fue atropellada por un coche algunos meses antes de dar a luz y sufrió una lesión cerebral y una fractura de pelvis. La gata sobrevivió milagrosamente al accidente y, por lo visto, después mostró unas facultades completamente extraordinarias. Ann Baker afirmaba que Josephine se había vuelto inmune al dolor y que era tan blanda que al cogerla en brazos se comportaba como una marioneta o como un muñeco de trapo. Pero la criadora norteamericana aún fue más lejos: propagó que, a través de su accidente, Josephine había transmitido algunas de sus facultades a sus gatitos. Naturalmente, desde el punto de vista científico esto no es más que pura palabrería.

Lucha por el reconocimiento

Actualmente, la raza Ragdoll es reconocida oficialmente por casi todas las federaciones y asociaciones felinas de Estados Unidos. Pero para ello ha tenido que recorrer un largo camino. Durante mucho tiempo recibió durísimas críticas por parte de los criadores de gatos Sagrados de Birmania, ya que estos veían al Ragdoll como un «Sagrado de Birmania de imitación». El reconocimiento como raza fue pospuesto una y otra vez porque se cuestionaba la pureza genética del Ragdoll.

Carácter

Los Ragdoll son unos gatos muy ligados a la gente y a los que no les gusta quedarse solos. La mayoría de los representantes de esta raza se caracterizan por ser muy tolerantes y muy sociables, lo cual constituye una excelente base para la convivencia con sus congéneres. Es relativamente poco problemático incorporar un Ragdoll a un grupo de gatos ya formado –a condición de que los demás gatos también sean así de tolerantes–.

Muchas veces se oyen rumores de que los Ragdoll son unos gatos perezosos y aburridos. El que alguna vez tenga la oportunidad de ver a un Ragdoll en acción se dará cuenta de lo falsa que es esa afirmación. Estos atractivos y temperamentales gatos de pelo semilargo se interesan mucho por el mundo que los rodea y se muestran muy activos. La variedad con máscara, que se obtuvo posteriormente, es curiosa por naturaleza y siempre está dispuesta a jugar.

Un gato multicolor

Lo que diferencia a los Ragdoll de los otros gatos con máscara es que pueden presentar tres variantes de color: colourpoint, mitted y bicolor. Y esto en los colores: seal, azul, chocolate, lila, rojo y crema. Por lo tanto, a este gato grande, corpulento, musculoso y adorable podemos encontrarlo en muchas variantes de color.

Sagrado de Birmania

Tipo: tamaño mediano, fuerte

Cabeza: fuerte y ancha, ni demasiado redonda ni demasiado puntiaguda

Ojos: grandes, almendrados, ligeramente oblicuos, azules

Cuerpo: semipesado, ligeramente alargado

Cola: de longitud media, con pelo largo

Pelaje: semilargo, textura sedosa, densa capa inferior lanosa

Colores: capa de colores claros, del blanco al crema, con una tonalidad dorada en la espalda; extremos de la patas (guantes) blancos. Points: máscara, orejas, cola y patas de tono oscuro; contrastan con el resto del cuerpo

El azul de sus ojos es como el de un lago de alta montaña.

Se dice que es un gato que provoca adicción. De hecho, nadie puede sustraerse al encanto y la suavidad de esta raza. El Sagrado de Birmania, que ya fue reconocido como raza en Francia en el año 1925, es un gato que ronronea de un modo especialmente profundo y satisfecho. No maúlla sino que suele ronronear amistosamente, con lo cual inmediatamente nos llega hasta el corazón. Son cariñosos y aduladores, y su arte para encandilar y engatusar no tiene parangón en el mundo de los gatos.

Nunca tienen prisa ni fuerzan ninguna situación. Los Sagrados de Birmania imponen su voluntad con tacto y comprensión –nunca protestan golpeando contra la pared–. Los conocedores de esta raza afirman que estas mimosas bolas de pelo son sumamente inteligentes. Es posible, pero lo que es seguro es que son unos verdaderos maestros en el arte de adaptarse. ¿Abrir puertas? ¿Descolgar el teléfono en cuanto empieza a sonar? ¿Aprender pequeños trucos o acrobacias? Sin lugar a dudas. El Sagrado de Birmania siempre está dispuesto a enfrentarse a estos desafíos.

Origen

El origen de esta belleza de ojos azules está rodeado de rumores y de leyendas. Se cuestiona incluso si estos gatos proceden o no de las regiones montañosas de Asia. Lo que sí es seguro es esto: el preciso Sagrado de Birmania desciende de un cruce entre un Siamés y un gato bicolor de pelo largo.

También está fuera de dudas que para conseguir una amplia base de cría se habrá recurrido a diversas razas de gatos. No es sólo que el Sagrado de Birmania descienda con toda seguridad del cruzamiento de un bicolor de pelo largo con un Siamés, sino que antes de la Segunda Guerra Mundial también se cruzó con Angoras.

Dado que después de la guerra se había reducido mucho la base de cría disponible, hubo que volver a recurrir a otras razas (probablemente Siameses y Balineses, quizás también Persas y gatos domésticos). En Francia, la raza se consideró estabilizada a mediados de la década de 1950, y se exportó una pareja a Inglaterra, donde esta raza fue reconocida 11 años después. En 1959 se exportaron los primeros ejemplares a Estados Unidos, y en 1960 a Alemania.

Valiente y juguetón

La sorprendente predisposición de este precioso gato hace que sea muy fácil de educar. Los Sagrados de Birmania quieren satisfacer a la gente. Y al decir esto no nos referimos a su hermoso manto, que además es muy fácil de cuidar. Captan inmediatamente qué comportamientos son los que no le gustan a sus dueños.

Juguetones por naturaleza, los Sagrados de Birmania se interesan de inmediato por cualquier objeto con el que puedan entretenerse. ¿El amo se ha vuelto a olvidar de traer un ratón de juguete? No pasa nada. Con la bola de papel que había en la papelera se puede jugar igual de bien por la alfombra.

Entre peques

A los Sagrados de Birmania les gustan los niños; al menos a la mayoría.

Es sorprendente comprobar el grado de paciencia y de tolerancia que pueden mostrar con los niños pequeños. Les toleran los movimientos bruscos o torpes y saben apartarse pacientemente de en medio a tiempo. Estas cualidades están especialmente desarrolladas en aquellos gatos que han crecido en una casa con niños. Pero aunque no sea éste el caso, siempre saben adaptarse a los más pequeños de la casa.

Preferiblemente en grupo

Un cachorro de Sagrado de Birmania es una preciosidad, pero dos o tres son aún mucho mejor. En dúo o en terceto, su felicidad es segura. Lo mejor es comprar de entrada varios de estos gatitos de ojos azules. Los gatos se sentirán felices, ya que ninguna persona puede sustituir a un congénere que le lama cariñosamente las orejas o que se acueste junto a él en su cama. Además, su carácter hace que sean unos gatos ideales para familias con niños o para personas mayores. Tranquilos y adaptables, estos preciosos felinos de pelo semilargo se amoldan sin problemas a cualquier estilo de vida.

Siberiano

Tipo: macizo, grande
Cabeza: mediana, ancha, contornos redondeados
Ojos: grandes, bien separados, ligeramente oblicuos
Cuerpo: compacto, musculoso, pesado; patas musculosas y de longitud media; pies grandes y redondos, con mechones de pelo entre los dedos
Cola: muy peluda
Pelaje: semilargo; pelusa abundante y lanosa en el vientre y en la parte posterior de las patas traseras; pelo grueso y brillante en la espalda, flancos y parte superior de la cola que repele el agua; pelo largo en el cuello, pecho, patas traseras y cola
Colores: todos excepto chocolate, canela, lila y fawn en sus diversas tonalidades. Los ejemplares colourpoint se llaman Neva Mascarade

El gato que llegó del frío.

En los últimos años ha aumentado enormemente la popularidad de los gatos de bosque. El Maine Coon y el Bosque de Noruega, con su manto semilargo, su melena leonina y sus graciosos «pantalones», hace tiempo que han conquistado el corazón de miles de amantes de los gatos. Son animales sociables y sin complicaciones que, junto con los Persas, se encuentran entre los gatos de raza más apreciados.

El «Sibirska Koschka», llamado gato de Bosque de Siberia o Siberiano, también se incluye entre los gatos de bosque, pero es menos conocido que sus congéneres de Escandinavia y Estados Unidos. Pero en sus lugares de origen, Rusia y Ucrania, se le conoce desde hace varios siglos. En el país de los zares se apreciaban mucho sus dotes para cazar ratones y se le mantenía más por su utilidad como animal doméstico que por su belleza de pura raza.

Se dice que los gatos Siberianos son un poco altivos, y realmente es probable que haya algo de cierto en ello. Estos gatos de tamaño medio o grande no sólo son capaces de entretenerse con cualquier cosa, sino que también aprenden a confiar pronto en su dueño.

Si tienen la posibilidad de retirarse de vez en cuando a un lugar tranquilo y comer sin que nadie los moleste, también pueden vivir bien en casas en las que haya mucho bullicio. Se entienden bien con los niños, perros, conejos y cobayas.

Por lo que respecta a las características propias de esta raza, conviene citarlas en este orden: temperamental, comilona y parlanchina.

Origen

En cuanto al origen de esta belleza: el Siberiano es un típico ejemplo de la adaptabilidad de la fauna de Rusia y Ucrania. Este maravilloso gato de pelo semilargo posee un pelaje denso e impermeable que protege muy bien su cuerpo del frío y de la humedad. Además, la raza original se caracteriza por tener una salud férrea. Probablemente, el «Sibirska Koschka» es el resultado de una selección natural producida a lo largo de siglos.

Primeras noticias

Los primeros indicios que probablemente hacen referencia al gato Siberiano son de tipo literario: en la edición del *Illustrierten Zeitung* del mes de abril de 1895, se publicó un artículo en el que se describía una pareja de gatos de color gris azulado que habían llegado al zoológico de Dresden procedentes de Siberia. En el famoso tratado de zoología Brehms Tierleben del año 1925 también se encuentra una interesante cita que puede corresponder al «Sibirska Koschka»: Brehm describe a un gato del Cáucaso y a un gato rojizo de Siberia.

Lo que no sabemos es cuándo llegaron a Europa los primeros gatos Siberianos. En la bibliografía encontramos diversas opiniones, todas ellas son factibles y por lo tanto han de ser tenidas en cuenta.

Parece ser que los primeros gatos Siberianos llegaron a occidente hacia finales del siglo XIX. Pero por aquel entonces, no se los conocía como gatos Siberianos sino como gatos rusos de pelo largo. Por lo visto, en Inglaterra se llegaron a exhibir algunos ejemplares de esa raza por entonces desconocida.

Según todos los indicios, se efectuaron cruzamientos con gatos de Angora y Persas, lo cual fue en detrimento del genotipo del gato Siberiano. La creciente popularidad del gato Persa hizo que estas bellezas rusas y ucranianas acabasen cayendo en el olvido a principios del siglo XX.

La antigua DDR (República Democrática Alemana) parece haber desempeñado un papel muy interesante: allí los gatos de pelo semilargo eran muy escasos, por lo que es fácil suponer que los trabajadores alemanes que se desplazaban a Siberia por motivos laborales se interesasen mucho por estos animales. Se llevaron algunos ejemplares porque las importaciones de Rusia estaban permitidas, cosa que no sucedía con las de la Europa occidental. En 1987, la *Verband der Kleingärtner, Siedler und Kleintierzüchter* (VKSK) reconoció al gato de Bosque de Siberia como raza y estableció sus estándares. Tras la reunificación de las dos Alemanias, estos estándares fueron adoptados por la mayoría de las federaciones felinas occidentales.

29

Neva Mascarade

Tipo: mediano, fuerte
Cabeza: corta, triangular; frente curvada, dorso de la nariz bastante ancha, carrilos muy marcados, mentón prominente
Ojos: grandes, ligeramente ovalados, azules
Cuerpo: moderadamente alargado, cuello grueso; patas fuertes y no demasiado largas; pies grandes, redondos y fuertes; mechones de pelo entre los dedos
Cola: ancha, con la base ancha
Pelaje: largo en el pecho, flancos y cola; corto en el cuello y paletillas; denso y brillante en la espalda; fino, suave y denso en los flancos
Colores: colourpoint y tabby, ambos con blanco; bicolor

Un gato con máscara de la región del río Neva (Rusia).

Sus ojos ligeramente oblicuos poseen una expresividad inigualable, y su pelo semilargo y brillante invita a acariciarlo. El «Newskaja Masquaradnaja», al que muchos conocen también por el hermoso nombre de Neva Mascarade, es uno de los gatos más atractivos que existen. Su apabullante belleza no puede dejar indiferente a nadie.

Además de ser muy mimosos y tener un carácter sumamente apacible, poseen otra cualidad, a la que podríamos calificar perfectamente de ilimitada, y que a primera vista puede pasarnos desapercibida: los Nevas son unos verdaderos tragones, no *gourmets*, sino simplemente unos tragones a los que les resulta imposible pasar por alto cualquier golosina.

El gato de río

¿Y de dónde vienen estos preciosos seres de ojos azules y carácter apacible a los que la FIFe no reconoce como raza propia, sino como sinónimo de la variante colourpoint del Siberiano? Al igual que sucede con muchas otras razas de gatos, ésta también hace años que es objeto de todo tipo de discusiones en el ámbito internacional, y que no siempre tienen lugar en el plano de la seriedad profesional.

Parece ser que existen documentos que acreditan que los gatos de bosque con un dibujo en forma de máscara ya habían sido observados hace décadas en las regiones de la cuenca del río Neva, en Rusia. Y de ahí procede también el nombre de la raza.

Pero también hay quienes opinan que el Neva Mascarade no es una raza pura sino un conglomerado de distintos tipos de gatos. También podría ser que los Nevas descendiesen de cruzamientos de gatos Siberianos con gatos Thai.

Es muy probable que realmente se hayan producido cruzamientos con otras razas, ya que muchos de los colores de otras razas de gatos se deben a este tipo de cruces. Basta pensar en los Tonkineses, obtenidos mediante el cruce de Siamés y Burmés, o en el misterioso dibujo tabby del Sagrado de Birmania. Lo que es seguro es que estas variedades no surgen al azar.

Reconocido desde hace tiempo

En Rusia no parecen tener muchas ganas de calentarse la cabeza discutiendo sobre el origen del Neva Mascarade. La raza está reconocida como tal desde hace más de 15 años, y en San Petersburgo incluso existe una federación que controla los libros de cría, expide los pedigríes y se ocupa exclusivamente de la cría de estos gatos de bosque de ojos azules.

Los programas de reproducción que se llevan a cabo en Rusia incluyen también apareamientos entre Nevas y Siberianos. Debido a la escasa diversidad genética de la raza parece bastante acertado realizar este tipo de cruzamientos, y en Alemania también hay algunos criadores que los están llevando a cabo. Pero muchos criadores de Nevas se niegan rotundamente a cruzarlos con gatos Siberianos.

Distintas variedades cromáticas

Los gatos Siberianos y los Neva Mascarade se diferencian principalmente por la diversidad de colores. Los Nevas tienen una máscara y esto puede hacer que fuesen considerados como una variante cromática del Siberiano. Si usted teme que el albinismo parcial hereditario pueda hacerlos más sensibles a las enfermedades, respire tranquilo: no existe ninguna prueba de que los Nevas sean más propensos a enfermar que los demás gatos de bosque. Al igual que sucede con los otros gatos con máscara, cuando nacen son completamente blancos, y el dibujo y la coloración no empiezan a aparecerles hasta al cabo de un par de semanas. El gen responsable del carácter point actúa en función de la temperatura. Los extremos o points del gato (cola, patas, orejas, pies, cara) están algo más fríos que el resto del animal, y se oscurecen más. Una de las características más notables de este gato son sus ojos de color azul brillante. Según el estándar de la raza se acepta que sean un poco más claros –pero uniformes–, aunque se prefiere un azul intenso. El Neva Mascarade –al igual que el Ragdoll– podemos encontrarlo en las variedades colourpoint, mitted y bicolor. Aunque puede presentar una variedad de tonalidades mucho más extensa.

Angora Turco

Tipo: tamaño mediano
Cabeza: pequeña a mediana, triangular
Ojos: grandes, almendrados, ligeramente oblicuos hacia arriba
Cuerpo: largo, de huesos finos, grupa algo más alta que las paletillas, patas finas y largas
Cola: larga en proporción con el cuerpo, ancha en la base y estrecha en la punta, muy peluda
Pelaje: semilargo, pelo fino con brillo sedoso, carece de pelusa lanosa
Colores: se aceptan todos los colores, incluyendo todas las variedades con blanco, a excepción del factor Burmés y los colores chocolate, lila, canela y fawn. El color blanco es el más apreciado

Un mimoso con pelo de seda.

Cuando un Angora Turco sentado mueve su cola para rodear las extremidades delanteras, levanta una de sus patas y se pone a lamerla delicadamente con su lengua de color rosa, nos parece estar delante de una escultura viviente. Tanta elegancia sólo puede proceder de la mano de un artista.

Se comenta que los Angora Turcos podrían ser la raza de gatos más antigua que existe, y hay quienes ven en ellos el origen de todos –o al menos de la mayoría– de cazarratones de pelo semilargo. Una teoría así resulta muy espectacular, pero lamentablemente es muy difícil de demostrar. Probablemente nunca llegaremos a saber cuánto tienen en común estas modernas y señoriales bellezas con sus antepasados de hace siglos.

Sin embargo, es muy interesante rastrear la propagación del Angora Turco en el pasado.

Turcos en alta mar

Nos encontramos en el siglo XVI. Los mercaderes franceses e ingleses navegan en sus naves de regreso al hogar llevando consigo a unos pequeños seres de color blanco que han encontrado durante sus estancias en Oriente Medio. Esos precioso gatos constituían un presente ideal para los seres queridos que se habían quedado en la patria, pero llegaron a ser algo más. La nobleza se sintió fascinada por esas bellezas orientales y no tardó en incluirlos entre sus mascotas favoritas. Existen muchos cuadros en los que vemos a los poderosos de la época en compañía de gatos turcos blancos como elemento de lujo. Al principio estas bellezas turcas estuvieron reservadas casi exclusivamente para los europeos más pudientes, pero con el paso de los siglos se popularizaron mucho más y llegaron hasta el pueblo llano. Hacia finales del siglo XIX, encontramos estos gatos de pelo semilargo en los hogares de la burguesía media, estrato social que también se interesaba por otras razas de pelo largo asiáticas y rusas. Es probable que ya entonces se rea-

lizasen demasiados cruces dentro de las razas individuales y en algún momento se inició la cría del gato Persa, que al principio no se conocía como Persa sino como Angora. Una anécdota al margen: según la leyenda, Mustafá Kemal Pascha, conocido mundialmente como «Atatürk», deberá regresar reencarnándose en un gato de Angora Turco. Por lo tanto, fíjese bien en sus camadas de gatitos, no vaya a ser que le venda a alguien la reencarnación del fundador de la Turquía moderna.

En el zoológico

A principios de los años 60, se produjo un gran revuelo en la patria de esta raza. La población de Angoras Turcos de pura raza había disminuido hasta un mínimo muy peligroso y esta hermosa raza se veía seriamente amenazada de extinción. Pero no se quería dejar que esto sucediese, y se intentó frenar ese proceso a base de reunir algunos ejemplares en los zoológicos de Ankara e Istan para emplearlos en programas de reproducción selectiva. Junto con los Estados Unidos, a donde fueron enviados algunos de los valiosos reproductores, se consiguió salvar a esta adorable raza poco antes de que desapareciese para siempre. Todavía hoy en día podemos admirar algunos gatos de Angora Turcos en el zoológico de Ankara.

No es lo mismo turco que americano

Entre los gatos de Angora Turcos de su país de origen y los criados en Estados Unidos existe una importante diferencia que aquí sólo vamos a repasar brevemente. A principios de los años 90, los americanos ya disponían de gatos de Angora provistos de árboles genealógicos completos y que se destacaban por tener unas patas muy largas y ser sumamente elegantes. Sus estilizadas patas y sus exóticos pies hicieron palidecer de envidia a los criadores europeos, llamando la atención también por sus grandes orejas y la suave forma triangular de su cabeza.

Actualmente los Angoras europeos también son bastante decentes y cuentan con un nutrido grupo de incondicionales entre los que también se incluyen aficionados a los que no les gusta tener que cepillar a sus gatos con demasiada frecuencia: el pelaje del Angora Turco no solamente es increíblemente hermoso, sino que también resulta muy fácil de cuidar. Su manto semilargo, que carece de pelusa lanosa que pueda apelmazarse, es más corto en verano que en invierno.

Van Turco

Tipo: mediano a grande
Cabeza: corta, triangular e inclinada hacia abajo
Ojos: ovalados, oblicuos como los de los orientales, grandes; de color ámbar claro a oscuro, naranja, azul u odd-eyed (cada ojo de un color)
Cuerpo: musculoso, constitución ósea robusta
Cola: moderadamente larga, muy peluda
Pelaje: blanco, sin tonalidades amarillentas, sin pelusa lanosa, corto en verano y espeso en invierno
Colores: una mancha simétrica en forma de mariposa sobre la cabeza dividida por una flama blanca, otra mancha desde el final de la grupa hasta el extremo de la cola. Estas manchas, que constituyen el motivo «van», pueden ser de color rojo, crema, negro, azul, tortuga negro y tortuga azul

El que juega con agua.

Los gatos Van Turcos son unos de los gatos más raros que existen. Y es sorprendente que así sea, ya que a estos felinos blancos con su alegre «mariposa» sobre la cabeza no les falta precisamente belleza, temperamento ni señorío. De hecho tendrían que ser tan populares como el Bosque de Noruega o el Maine Coon. Pero no es así, sino al contrario.

Se cree que el Van Turco es una raza natural que originalmente habitaba en las regiones próximas al lago Van. En el sureste de Anatolia se da un clima muy extremo en el que los tórridos veranos dan paso a unos inviernos muy fríos, por lo que los animales que allí viven tienen que ser capaces de adaptarse a estas condiciones para poder sobrevivir. En verano, este hermoso gato turco se cubre de un pelaje corto y ligero que es lo suficientemente denso como para proteger su cuerpo de la intensa radiación solar, pero no tan espeso como el pelaje de invierno con el que se defiende del frío más intenso manteniéndose caliente y confortable.

La pesca

Parece ser que originalmente estos gatos se alimentaban de los peces que podían capturar en el lago Van, pero existen citas de que estos expertos pescadores también obtenían sus resbaladizas presas en los ríos que van a desembocar en ese lago.

Es probable que estos hábitos expliquen su afición por el agua. Hoy en día debe seguir habiendo gatos Van Turcos a los que les encante el agua y a los que no les desagrade disponer de algún lugar en el que puedan nadar de vez en cuando. Pero generalmente no es el caso: la mayoría de los gatos Van Turcos no le tienen miedo al agua, pero tampoco se tiran de cabeza a ella en cada oportunidad que se les presenta.

Recuerdo de una expedición fotográfica

El descubrimiento de estos simpáticos «gatos de lago» fue completamente casual: las dos viajeras británicas L. Lushington y S. Halliday estaban realizando una expedición fotográfica por Turquía para intentar investigar la forma original del Angora Turco. Pero no encontraron a esos misteriosos antepasados sino que fueron a dar con unos preciosos gatos blancos de pelo sedoso y un dibujo rojizo en la cola y en la cabeza.

Las viajeras se quedaron muy sorprendidas, ya que estos hermosos gatos eran muy distintos a los de Angora y vivían silvestres o en las casas de la gente, mientras que los de Angora hacía tiempo que se criaban selectivamente en el zoológico de Ankara.

A los turcos debió impresionarles mucho la sorpresa de las dos inglesas; el caso es que les regalaron a las viajeras una pareja de gatos que éstas se llevaron directamente a Inglaterra. En 1955, estos dos gatos constituyeron el arranque de la cría del Van Turco a escala mundial, y adquirieron así una fama legendaria.

Un éxito rompedor

El éxito, si es que puede hablarse de tal, llegó a mediados de la década de 1970. En 1969, la federación felina inglesa GCCF reconoció oficialmente la raza Van Turco en Auburn-white, y la FIFe lo hizo tres años más tarde. En 1986 se reconocieron las variedades crema, y desde 1998 se reconocen también las demás coloraciones.

A todo esto, Dinamarca, Holanda, Suiza, Suecia y Estados Unidos importaron independientemente gatos Van y crearon grupos reproductores. En 1980 llegaron los primeros ejemplares a Alemania.

No tardó en estallar una disputa sobre los colores: mientras que en Inglaterra, Suiza y Alemania se consideraba que los únicos colores verdaderos del gato Van eran el Auburn-white y el Creme-white, los criadores americanos, holandeses, daneses y suecos importaban tranquilamente otras variedades de Turquía, como por ejemplo la blanca y negra, y la blanca tabby. A partir de éstas se obtuvieron la tortie-white y la tabby-tortie-white, que en los demás países siguen siendo muy raras de ver.

El Burmés es uno de los gatos de pelo corto más sociable.

¿Gatos de pelo corto y Somalí? A primera vista, la categoría III de la FIFe parece un poco confusa. Después de todo, los Somalíes son los parientes de pelo semilargo de los Abisinios. ¿Y qué tienen que ver éstos y su abundante pelaje con sus parientes que van más ligeros de ropa? De hecho, se trata de una decisión específica de la FIFe. De este modo, la federación de nivel mundial destaca el parentesco entre los Somalíes de pelo semilargo y los Abisinios de pelo corto. En las federaciones independientes, a los Somalíes se los incluye casi siempre en el grupo de los gatos de pelo semilargo. Y se lo decimos por si alguna vez acude a una exposición de gatos y busca a los Somalíes.

Exótico, exótico

Los Somalíes, junto con los Bobtail de las Kuriles, son los únicos gatos que ocupan una posición especial en la categoría III a causa de la longitud de su pelo: todos los demás tienen por lo menos el pelo corto, aunque no todos tengan la cola de la misma longitud. Entre las razas de pelo corto no sólo se incluyen algunas tan clásicas como el gato Británico de pelo corto, el Abisinio, el Azul Ruso y el Burmés, sino también algunas con la cola más o menos atrofiada, como el Bobtail de las Kuriles de pelo corto, el Bobtail de las Kuriles de pelo largo, el Manx y el Bobtail Japonés. Y también encontramos otra raza extraña que no quiere encajar siquiera en esta categoría: el misterioso gato Sphynx. Este tierno animalito carece totalmente de pelo –como mucho tiene un poco de pelusa– y su piel forma muchos pliegues. Su círculo de admiradores es muy reducido. Pero el que haya tenido la oportunidad de tratar a un Sphynx de cerca se quedará sorprendido de lo dulce y adorable que puede llegar a ser este pequeño felino desnudo.

Y ya que hablamos de las variedades de pelaje, aquí también se desmarca el grupo de los gatos Rex, representado por los Cornish Rex, German Rex y Devon Rex. En este caso son sus rizos y sus ondulaciones lo que los distingue de los demás. Su aspecto es tan extraño y tan distinto del de los otros gatos que los aficionados a ellos no dudan en definirlos como «unos ET adorables y mimosos». Con todo esto, la categoría III es la más extensa y variada de las cuatro establecidas por la FIFe, y está llena de sorpresas.

Todo el mundo los conoce

Al observar las diferentes razas se aprecia un amplio espectro por lo que se refiere a su distribución y su aceptación. Entre los gatos más apreciados se encuentra, sin lugar a dudas, el Británico de pelo corto (British Shorthair), cuyas variantes de color azul siguen cubriendo el mercado europeo de gatos Chartreux. Los verdaderos Chartreux son tan escasos que es muy difícil que un aficionado pueda llegar a encontrarse cara a cara con uno de ellos. Generalmente, cuando alguien habla de Chartreux se refiere al gato Británico de pelo corto azul. Por este motivo también describiremos detalladamente a estos ositos de peluche de color azul.

El Burmés, al igual que el Bengalí y el Abisinio, goza de una creciente popularidad, y cada vez se ve con más frecuencia. Lo mismo sucede con el Ocicat y el Azul Ruso. Sin embargo, ninguna de estas razas es tan popular como el Británico de pelo corto.

El pelaje de los gatos de pelo corto no es difícil de cuidar.

Rarezas

El Británico de pelo corto está muy extendido, pero otros miembros de la categoría III son realmente escasos. Los Burmilla, Sokoke y Snowshoe son gatos huidizos y que si se encontrasen no querrían saber nada los unos de los otros, pero tienen un atributo en común: en Europa Central son muy raros. El que desee encontrar Burmillas tendrá que dirigirse a los países nórdicos o a Australia, donde se cría mucho esta raza de gato. La mayoría de los Sokoke es probable que sigan paseándose por las selvas africanas de las que son oriundos, mientras que los gatos Snowshoe gozan de una cierta difusión en Estados Unidos.

Los Rex y los gatos desnudos son y seguirán siendo animales para personas un poco extravagantes y a las que no les diría nada un gato convencional. Y ya que estamos en esto, la cría del gato Europeo de pelo corto casi ha caído en el abandono. ¿Demasiado aburrida? ¿Demasiado banal? ¿No se encuentran compradores para los gatitos? Nuestro gato doméstico de toda la vida podría estar en serio peligro. Mientras que los mejores ejemplares –generalmente fieles a los estándares de la EKH– suelen ser castrados y mantenidos como animales domésticos, los de una constitución menos armoniosa, y a los que lamentablemente nadie quiere, se reproducen de forma abundante e incontrolada. Si no se hace nada para conservar su raza, el gato Europeo de pelo corto tiene un futuro bastante negro. Y eso sería una pena, ya que estos gatos van en cabeza por lo que respecta a salud, longevidad, carácter y facilidad de mantenimiento.

Abisinio 38

Bengalí 40

Británico de pelo corto 42

Burmés 44

Burmilla 46

Británico de pelo corto azul 48

Cornish Rex 50

Devon Rex 52

Mau Egipcio 54

Europeo de pelo corto 56

German Rex 58

Korat 60

Ocicat 62

Azul Ruso 64

Snowshoe 66

Sokoke 68

Somalí 70

Sphynx 72

RAZAS SIN COLA
Bobtail Japonés 74
Bobail de las Kuriles 75
Manx 75

Abisinio

Una de las principales características del gato Abisinio es el ticking de su pelaje. En sentido estricto, se trata de un ticked tabby, ya que el ticking hace referencia a las franjas de cada pelo individual y oficialmente se incluye como dibujo. El hecho de que esto no forme ningún dibujo parece ser una cuestión completamente secundaria, aunque los demás gatos tabby suelan ser atigrados (mackerel), veteados (blotched) o moteados (spotted). Pero no sucede así con el Abisinio, ni con sus parientes agutí tales como el Singapur, el Somalí y el Ceilán. En todas estas razas, el ticking es obligatorio, y no sólo una variedad más como sucede por ejemplo en el Siamés y similares, los Persas y los Británicos. Éstos también tienen un ticking muy atractivo, pero también muchas otras variantes. En los clásicos ticked tabby puede cambiar el color, pero no la franja de melanina de su pelo con carácter agutí.

Se cree que el dibujo ticked tabby apareció por primera vez en el Abisinio. ¿O habrá intervenido para algo el gato egipcio tan venerado en la antigüedad?

El término *ticking* empezó a oírse fuera de Inglaterra en el ámbito de los criadores de conejos. Los aficionados a los gatos empezaron a prestarle atención al criar los de las variedades chinchilla y silver shaded. Pero el aspecto y la herencia del color de las puntas de los pelos son notablemente diferentes del ticking del gato Abisinio. El color de las puntas, conocido como *tipping*, no es ningún dibujo, pero el ticking sí lo es.

A pesar de que queda fuera de dudas que el principio de la cría del gato Abisinio tiene sus raíces en Inglaterra, sigue sin saberse con certeza de dónde procedían los primeros gatos con ticking. Muchos autores insisten en que los antepasados del Abisinio eran unos gatos norteafricanos que fueron importados en Inglaterra en el siglo xix, lo cual podría establecer una relación con Egipto.

Coloración salvaje

El término de «gen agutí» hace referencia a «coloración salvaje» y se aplica tanto con animales silvestres, como el zorro y el venado, como con la liebre y las cobayas. El ticking solamente se puede manifestar en combinación con el gen agutí. En este caso el agutí está en el fondo mientras que el dibujo está en primer plano, pero está.

Detrás de un ticking pueden ocultarse hasta tres dibujos distintos, lo cual se manifiesta con demasiada frecuencia en los gatos cruzados. El ticking es un carácter hereditario dominante y llega a cubrir el dibujo. Por lo tanto, hacen falta muchas generaciones de ticking puro para conseguir que la herencia de las rayas pase a ser cosa del pasado. Se cree que los primeros Abisinios criados como tales poseían unas franjas de color marrón amarillento sobre fondo beige grisáceo y que estaban cubiertos de rayas irregulares. Y dejemos ya la genética, a pesar de lo importante que es para el gato Abisinio.

Energía concentrada

El aspecto de gato salvaje de esta belleza no se presta a engaño. Los Abisinios son gatos muy independientes y que aman su libertad. Son extremadamente activos, corren y saltan incansablemente. Hay que ofrecerles buenas posibilidades pa-

ra trepar, pues de lo contrario buscarán alternativas que no siempre harán feliz a su propietario. Después de todo, las cortinas, armarios, tapicerías de piel y lámparas de pie también son ideales para satisfacer sus ansias de trepar.

Lo que diferencia al Abisinio de un gato silvestre es que le gusta relacionarse con la gente y le encanta convertirse en el centro de su atención. A estos gatos no les gusta la soledad y necesitan tener compañía. Su comportamiento social es tan acusado que generalmente no tienen ningún problema para integrarse en una comunidad de gatos ya establecida, o incluso de perros. De todos modos hay que tener en cuenta que, de un modo muy sutil y diplomático, no tardarán en intentar conseguir el liderazgo del grupo. Vaya con cuidado, pues también son capaces de manipular a la gente muy diplomáticamente. Los Abisinios saben perfectamente cómo han de comportarse para que su dueño haga exactamente lo que ellos quieren.

Bengalí

Tipo: gato esbelto y musculoso con aspecto de gato salvaje

Cabeza: ancha, en forma de cuña, contornos redondeados

Ojos: grandes, ovalados, ligeramente oblicuos

Cuerpo: alargado, fuerte, de talla media, robusto, nunca suave, muy musculoso

Cola: gruesa, de longitud media, se afina hasta una punta redondeada

Pelaje: corto, denso, frondoso y de textura sorprendentemente suave

Colores: black spotted tabby, brown tabby, seal lynx point, seal sepia tabby, seal mink tabby.

Dibujos: spotted tabby (moteado) y marble tabby

Un ser selvático en el hogar.

Según un dicho popular, «La curiosidad mata al gato». Pero probablemente no incluye al Bengalí. Estas extravagantes bellezas son extremadamente curiosas por naturaleza y suelen meter su bonita nariz en donde no debieran. Por suerte, compensan su curiosidad con un carácter muy fuerte y una inteligencia más que notable. Este gato, conocido antiguamente como gato leopardo, detecta instintivamente cuándo una situación puede escapar de su control. En caso de peligro se retira a toda velocidad, por muy grande que sea su curiosidad.

El nombre de gato leopardo (o «Leopardette») proviene de los inicios de esta raza, que es relativamente joven. Los propósitos de los criadores fueron por dos caminos diferentes: mientras unos se guiaban por el aspecto físico de los leopardos y los ocelotes, otros soñaban con conseguir fijar una raza que fuese algo así como una versión doméstica del *Felis bengalis*.

Aparte de realizar algunas exploraciones para satisfacer su innata curiosidad, unas de las actividades favoritas de este inteligente felino son los mimos y las caricias. Sin embargo, no todos los propietarios de Bengalíes pueden llegar a disfrutar de esto. Los animales criados con poco contacto humano, que lamentablemente siguen existiendo en muchos lugares, tienen un carácter muy impredecible. Una mala crianza puede potenciar su agresividad, un comportamiento asustadizo y otras anomalías que no corresponden precisamente a las cualidades que se suelen buscar en un animal doméstico.

Otro hecho escandaloso es que siga habiendo personas sin escrúpulos a las que no les asuste importar ilegalmente un *Felis bengalis*. Estas rarezas se cotizan a precios muy elevados, pero para ello hay que estar dispuesto a enfrentarse a la ley.

Orígenes de esta raza

Cuando Jean Mill, una pionera en la cría del Bengalí, inició su programa de cría en Estados Unidos en 1963, lo hizo persiguiendo una meta muy concreta. Esa especialista en genética, que por aquel entonces vivía en un rancho de Arizona en compañía de su marido y su hija, adquirió una hembra de *Felis bengalis*, que en aquella época todavía se podía comercializar libremente, y la apareó con su gato doméstico negro. Este apareamiento es considerado oficialmente como el primer cruzamiento entre un gato salvaje y un gato doméstico. Más adelante, Jean Mill empezó a cruzar ejemplares de Mau Egipcios, Abisinios, Orientales de pelo corto y American Shorthairs con los «gatos-leopardo». Tenía la esperanza de poder conseguir un gato doméstico manso y afectuoso pero con el aspecto de un gato salvaje.

Pero el apareamiento entre un gato salvaje y un gato doméstico no fue tan sencillo como habría sido de desear. Tanto el *Felis bengalis* como el gato doméstico disponen de 38 cromosomas, pero después de un apareamiento los cromosomas del gato salvaje se encuentran en un medio extraño. Esto hace que los híbridos de la primera generación (F1) (*Felis bengalis* × gato doméstico) no sean domesticables y suelan ser estériles.

Ilusión por las manchas

Los criadores buscaban razas alternativas y se fijaron en el Mau Egipcio. La constitución física y las manchas de su piel coincidían con los gustos de los criadores de Bengalí. Y lo mismo sucedía con la salud a toda prueba y la resistencia del Mau Egipcio, características que todavía no estaban bien definidas en la cría del Bengalí. Actualmente la raza está lo suficientemente consolidada como para que ya no sea necesario realizar más cruzamientos.

Primario y salvaje

Los gatos Bengalíes tienen un aspecto salvaje y primario. Los músculos se marcan claramente en su flexible y robusto cuerpo. A pesar de que se trata de una raza extraordinariamente elegante, la robustez de sus huesos hace que no tenga un aspecto delicado. Su aspecto sigue recordando al de los leopardos y los ocelotes, pero el carácter del gato Bengalí es muy diferente al de sus parientes salvajes. Afortunadamente, porque de lo contrario esta raza nunca habría tenido éxito como animal doméstico.

Británico de pelo corto

Gato del Támesis con cara de muñeco de peluche.

Su simpática cara de peluche y sus grandes y expresivos ojos son sin lugar a dudas unos de los factores decisivos para que el gato Británico de pelo corto o British Shorthair alcanzase la cota de popularidad de la que goza hoy en día. Y esto no sólo se aplica a la preciosa variedad azul, que se asemeja a los «Chartreux», sino para todas las numerosas variedades de Británico de pelo corto. Los innumerables aficionados a esta opulenta raza se funden de placer cuando su adorable osito se acerca lentamente a ellos y frota suavemente su macizo cuerpo contra sus manos.

Esta raza no sabe lo que son los movimientos bruscos ni el estrés psíquico. Pero ello no implica que debamos creer que estos flemáticos británicos sean unos animales perezosos o letárgicos: también ellos son capaces de mostrarse muy activos, y cuando lo hacen no hay quien los pare.

El origen de este majestuoso y bonito gato tenemos que ir a buscarlo en la lluviosa Inglaterra. En Gran Bretaña se empezó a apreciar a este adorable y compacto cazarratones de pelo corto a principios del siglo xx, y desde entonces su popularidad no ha hecho más que subir. Ya en 1871 se expuso una gata de esta raza en el famoso Crystal Palace de Londres; el éxito fue notable. ¿Y a quién podría extrañarle que la euforia por el Británico de pelo corto no tardase en cruzar el canal de La Mancha? A lo largo del siglo xx, los criadores holandeses y alemanes también le dedicaron mucha atención a esta raza, y consiguieron grandes éxitos con su cría.

Gran diversidad de colores

Los primeros de estos ositos de peluche británicos tenían una librea a rayas. Se realizaron cruzamientos con gatos domésticos y también con gatos rusos y elegantes Siameses, hasta conseguir ampliar espectacularmente una gama de colores que al principio era algo pobre. En Inglaterra, los hermosos gatos de Angora solamente dieron lugar a una descendencia bastarda, hecho que actualmente todavía sigue resultando difícil de digerir para los amantes de esta raza. Unos de los primeros resultados positivos de los cruzamientos fueron las variedades blanca y rojo-crema. Los nuevos colores y todas sus variantes causaron furor, y siempre se sigue celebrando la aparición de novedades.

La herencia del Persa

Los voluminosos Persas de hermoso pelaje también contribuyeron al establecimiento de la raza del Británico de pelo corto. Los criadores británicos aprovecharon los genes del Persa para mejorar la calidad del pelaje, pero también se vieron obligados a iniciar una lucha contra el gen del pelo largo, ya que éste causa un notable empeoramiento de la raza. A veces, el color de estos gatos tampoco es el que debiera ser, y esto podría deberse a los cruzamientos con gatos Persas. Actualmente, muchos criadores intentan eliminar a los Persas de la cría del Británico de pelo corto para no seguir perjudicando su excelente tipo y el expresivo color de sus ojos. Pero esto vuelve a ir en detrimento de la calidad del pelaje. Perseguir estos propósitos exige muchos esfuerzos y mucha dedicación, pero cuando se hacen realidad también se compensan sobradamente.

Color y carácter

Los conocedores de esta raza afirman que el carácter y las facultades del gato dependen de su color, y los distribuyen de este modo: a pesar de su hermoso color, los de color azul tienen fama de ser los más cabezotas de toda la raza, mientras

que los tabby tienen un comportamiento más variado, más temperamento y siempre tienen ganas de jugar. A las variedades silver (plateadas) se les atribuye una mayor sensibilidad.

Burmés

Tipo: elegante y atlético
Cabeza: corto triángulo romo, con cráneo ancho; pómulos salientes; mentón pronunciado
Ojos: muy separados, expresivos, vivaces, luminosos; color: preferiblemente amarillo dorado
Cuerpo: de talla mediana, musculoso, compacto, redondeado, sólida estructura ósea
Cola: recta, moderadamente larga
Pelaje: muy corto, fino, sedoso, brillante, pegado al cuerpo, casi sin pelusa
Colores: marrón, azul, chocolate, lila, rojo, crema, tortuga (seal, azul, chocolate, lila); en todos los colores, es deseable una pigmentación máxima (el color más oscuro) en los points y atenuada en el vientre

El gato que ama a la gente.

Al ver un gato Burmés cuesta resistirse a su elegante personalidad. Los gatos de esta raza son cariñosos sociables y buscan la compañía de la gente. No en vano se le conoce también «como gato de compañía». Los Burmeses son bastante insistentes, pero saben perfectamente cómo conseguir un término medio. Su temperamento es encantador. Su curiosidad y su inteligencia nunca dejarán de sorprendernos. Su actividad y sus ganas de jugar son otras de las características de esta raza felina tan exclusiva. Si su dueño no tiene tiempo para jugar con ellos y mimarlos, intentarán hacerlo con sus congéneres. Los gatos Burmeses son muy sociables, por lo que es muy aconsejable permitirles el contacto con otros gatos.

Pero hay que tener en cuenta que el Burmés es un gato muy dominante y que siempre tiende a imponerse a los de otras razas.

¿De dónde procede?

El Burmés procede del sudeste asiático y está estrechamente emparentado con el Siamés. El rastro de nuestros Burmeses se remonta al siglo XV, aunque por aquel entonces el área de difusión de esta raza se encontraba en Tailandia y no en Birmania.

A pesar de que las leyendas suelen resultar mucho más atractivas que la realidad, lo más probable es que el porte estilizado de este gato se haya desarrollado al vivir en condiciones muy duras. A esto se debe también que los gatos orientales sean tan sociables y prolíficos: las condiciones adversas implican una elevada mortandad, y la única forma de garantizar la supervivencia de la raza es mediante una abundante descendencia.

Los Burmeses y los Siameses son los gatos orientales que hace más tiempo que llegaron a Europa. Y estas dos razas, junto con los Persas, son las razas felinas más apreciadas en Inglaterra y Estados Unidos. Sin embargo, el Burmés se cría desde hace relativamente poco tiempo. Parece ser que el primer Burmés que llegó a América, lo hizo en el año 1930.

La primera Burmés azul

Los primeros Burmeses azules se obtuvieron en los años 50. A finales de la década se criaron en Estados Unidos los primeros Burmeses de color chocolate. A principios de los años 70, las federaciones reconocieron también el color lila. Los Burmeses de color rojo y crema ya existían antes del reconocimiento oficial del lila; a mediados de la dé-

cada de los 70, también fueron reconocidos como variedades oficiales. El reconocimiento de los cuatro colores tortie llegó a finales de los años 70. Actualmente contamos con Burmeses de diez fascinantes colores, y en todas las variedades individuales se ha conseguido ya una buena calidad reproductora. Además de en Inglaterra y Estados Unidos, la cría del Burmés también ha alcanzado un excelente nivel en Australia y Nueva Zelanda. Muchas de las variedades plateadas proceden de Australia y Nueva Zelanda. Sin embargo, el origen de la cría sigue estando en Inglaterra. La coloración de los gatos Burmeses se caracteriza por ser más clara en la región ventral que en el dorso y las patas. Pero las manchas de la cara y de las orejas son más oscuras que el resto del cuerpo.

Un gato de compañía

Aparte de sus colores realmente de ensueño, lo que convierte al Burmés en un gato tan encantador es su carácter afectuoso y su característica voz. Se trata de una raza muy sensible y que expresa sus cambios de estado de ánimo mediante el empleo de los más diversos tonos vocales. Excluyendo la época del celo, el tono de voz del Burmés es muy suave y jamás llega a resultar molesto.

Las sesiones de mimos y caricias son unas de las necesidades primordiales del Burmés. Siempre busca el contacto físico, tanto con sus congéneres como con las personas. Cuando viven en grupo, los Burmeses suelen acostarse apretándose unos contra otros y ronronean todos juntos de puro placer. El contacto físico con las personas en muy importante para el Burmés, y lo acepta en casi cualquier momento.

Burmilla

Tipo: elegante, tamaño medio

Cabeza: cara ancha que se afina para formar un triángulo corto y romo, contornos suaves y redondeados; orejas medianas o grandes, bien separadas y ligeramente inclinadas hacia delante

Ojos: grandes, luminosos, expresivos, verdes enmarcados en negro

Cuerpo: moderadamente alargado, compacto y musculoso, patas fuertes

Cola: recta, moderadamente larga, punta ligeramente redondeada

Pelaje: corto, fino, brillante, textura sedosa

Colores: color de base silver shaded o silver shell con tipping (sólo el extremo del pelo tiene color) de los colores: negro, azul, chocolate, lila, canela, rojo, crema. La espalda, máscara y cola son más oscuras que el vientre.

Un gato con colores nobles y suaves como acuarelas.

El nombre de Burmilla deriva de combinar Burmés y Chinchilla. Por lo tanto, queda claro cuáles fueron las razas que le allanaron el camino a estos dulces gatos plateados. Todo empezó en los años 80, y lo que dio inicio a una nueva raza felina no fue ni más ni menos que un apareamiento fortuito en el que los protagonistas fueron un gato Persa chinchilla y una gata Burmés de color lila. Su descendencia lucía un precioso pelaje corto del más bonito color silver. La belleza y el agradable carácter de esos «mestizos» dieron ganas de seguir haciendo intentos en esa dirección, y al final se creó la raza Burmilla.

La aventura comenzó cuando Miranda Bickford-Smith, de la famosa familia Astahazy, le regaló a su marido el gato chinchilla de nombre Jemari Sanquist. Como ya hemos indicado anteriormente, el apareamiento con la gata Burmés de color lila Bambino Lila Fabergé fue pura-

mente casual, pero de imprevisibles consecuencias. Pocas semanas después nacía una camada de cuatro gatitos black shaded silver. Dos de ellos —Galatea y Gemma— fueron el punto de arranque de la raza Burmilla.

Una belleza embriagadora

Los primeros años fueron difíciles a causa de la escasa diversidad genética, pero con el tiempo cada vez más criadores se fueron interesando por esta hermosa creación de tonos plateados. Los famosos Catterys dejaron que sus gatos de pura raza «tuviesen un desliz» con la esperanza de aumentar la base genética. El experimento tuvo éxito, y permitió que la raza fuese registrada por la Cat Association of Britain (CA) en 1983. Siete años más tarde —cuando la CA se convirtió en la primera federación británica en hacerse miembro de la FIFe— le siguió el reconocimiento oficial de la raza con su estándar ampliado.

En su fase inicial, la cría del Burmilla exigía que sus criadores tuviesen buenos conocimientos de genética. Después de todo, las dos razas de partida –Persa chinchilla y Burmés– son muy distintas. Para conseguir Burmillas de pura raza era necesario eliminar dos genes recesivos: el gen del pelo largo de los Persas y el gen no-agutí de la Burmés monocolor. Para que la raza consiguiese el estatus de raza pura hicieron falta cinco generaciones. Y para lograrlo hubo que recurrir a la endogamia.

Endogamia

Muchos ven la endogamia como algo crítico, sin embargo, si se emplea para finalidades muy concretas puede ser de gran utilidad. Según explica el criador danés Bengt Aggersbol: «Al aparear hermanos, padres con hijas y madres con hijos, así como al realizar cruzamientos dentro de la generación filial, se consigue fijar aproximadamente un 16 % de los genes en cada generación. En la primera generación suelen ser animales que no corresponden a las expectativas del criador, pero en las siguientes aparece un creciente número de gatitos que no son portadores de genes indeseados».

Todo esto ya se ha hecho hace tiempo, pero en Europa la popularidad del Burmilla sigue siendo escasa. En Australia es distinto, y allí existen interesantes programas de cría. El hecho de que el Burmilla no logre ser popular sigue siendo un misterio: y no será porque a la raza le falte atractivo. Son unos gatos de tamaño medio, muy elegantes y con las patas traseras algo más largas que las delanteras. No sólo posee un pelaje sedoso y muy bonito, sino que sus ojos grandes, separados y un poco oblicuos le proporcionan un

aspecto ligeramente misterioso. Los ojos brillan en todas las tonalidades de verde, aunque se prefiere un verde claro. En los gatos de menos de dos años se aceptan un tono ligeramente amarillento. Los Burmillas rojos también pueden tener los ojos de color ámbar.

Británico de pelo corto azul

Tipo: grande, pesado, compacto
Cabeza: redonda, maciza, cráneo ancho, mentón fuerte; nariz corta y ancha con ligera depresión
Ojos: grandes, redondos, muy abiertos, muy separados, color cobrizo o naranja oscuro
Cuerpo: musculoso, compacto, pecho y hombros anchos; dorso fuerte y potente
Cola: corta y gruesa
Pelaje: corto, denso, de textura firme y afelpada, pelusa lanosa abundante
Colores: azul; cada pelo ha de ser de color uniforme hasta la raíz

De un color azul incomparable, mimoso, parece de peluche.

Chartreux.

Casi todo el mundo conoce a estos preciosos gatos azules que, a pesar de su notable corpulencia, se han hecho famosos por su aparición en numerosas películas y anuncios. Estos «ositos azules» han conseguido llegar masivamente al corazón de la gente. Para muchos son el prototipo del gato ideal: absolutamente bellos, adorables y mimosos. La FIFe considera a otra raza muy similar, el Chartreux, como raza propia, pero esta raza de origen francés es muy escasa y desde luego mucho menos popular que el Británico de pelo corto azul.

El origen del Británico de pelo corto azul se sitúa en Inglaterra. Allí se conoce y aprecia esta raza de pelo corto desde hace más de 100 años. Y pronto conquistó también a los aficionados alemanes y holandeses. Iniciaron la cría de gatos Persas y bonitos gatos domésticos de color azul e importaron buenos ejemplares de Inglaterra que también se incluyeron en los programas de cría.

El cruzamiento con los Persas mejoró su constitución y le proporcionó unos ojos de color naranja más noble. Actualmente ya no se realizan cruzamientos con Persas, y más de uno prefiere que no le recuerden esas épocas. Pero de vez en cuando, cuando en una camada aparece un gatito de pelo largo se vuelven a lanzar las campanas al viento para recordar tiempos pasados.

Puede suceder que ambos progenitores sean portadores del gen del pelo largo y que le transmitan ese carácter a su descendencia. A pesar de que esa característica no implica ningún problema para la salud del animal, los gatitos de pelo largo no se deberán emplear para la cría ya que podrían alterar la textura específica del pelaje exigida por el estándar de la raza. Éste deberá ser corto y denso. Su gruesa capa lanosa inferior le impide alisarse, y además ha de ser recio.

¿Británico de pelo corto azul, o Chartreux?

Si a usted realmente le interesa adquirir un Británico de pelo corto azul o un Chartreux, pronto se dará cuenta de que el asunto resulta muy complicado para alguien que no sea un experto en la materia. Mientras que para un aficionado sin pretensiones de convertirse en criador lo más atractivo de ambas razas es el pelaje azul y esos ojos tan expresivos, los criadores profesionales del Británico de pelo corto y del Chartreux marcan unos límites muy claros. Defienden la independencia de ambas razas y la demuestran con sus respectivos árboles genealógicos.

Todo empezó en 1967, cuando la FIFe decidió unificar las razas Chartreux y Británico de pelo corto azul a causa de las evidentes similitudes entre ambas. Y la verdad es que en aquella época eran habituales los cruzamientos entre ambas. Pero en 1977, la FIFe decidió volver a separar ambas razas y prohibió el cruce entre ambas.

Aspecto y color

Al principio, lo que más atrae del Británico de pelo corto azul son sus características externas. Su cabeza maciza y redonda con un cráneo sorprendentemente ancho, esa nariz tan corta y ancha con una ligera depresión, y su fuerte mentón le confieren un aspecto imponente y a la vez una apariencia de muñeco de peluche. Sus ojos grandes, redondos y siempre abiertos son muy expresivos y de un luminoso tono cobrizo o de un señorial naranja oscuro. Sus orejas pequeñas, bien separadas y con

las puntas ligeramente redondeadas encajan perfectamente en la hermosa cabeza de este bonito y mimoso felino.

Cornish Rex

Tipo: mediano
Cabeza: cráneo cuneiforme; perfil recto y alargado, orejas grandes y cónicas con puntas redondeadas
Ojos: ovalados, ligeramente oblicuos, color luminoso acorde con el de la capa
Cuerpo: elegante y esbelto, alargado, musculatura firme y potente, espalda muy arqueada, osamenta muy fina
Cola: larga y fina
Pelaje: corto, denso, rizado con ondulaciones regulares en todo el cuerpo, cejas y bigotes rizados
Colores: todos los colores y points

Una fuerte personalidad con pelo rizado.

El origen de la raza Cornish Rex no fue más que una mutación espontánea. La genética se expresó mediante un divertido pelaje rizado; un fenómeno que en el plazo de pocos años se observó también en otros gatos. Mientras que los criadores alemanes, al principio, no se interesaron lo más mínimo por estos curiosos gatos de pelo rizado, en Inglaterra fueron rápidamente a por ellos. Un estricto programa de reproducción endogámica ayudó a fijar y establecer la raza. En las décadas siguientes, los gatos Cornish Rex encontraron adeptos por todo el mundo. Los Cornish Rex, además de su pelaje rizado, o por lo menos ondulado, también pueden tener ondulaciones en las cejas y en los bigotes. Su pelaje corto y denso parece un poco el de un muñeco de peluche, por lo que incita a acariciarlo. Y a esto se le suma el carácter extraordinariamente cariñoso, afable y mimoso de este exótico gato británico. No sólo es un gato sin complicaciones y que se siente perfectamente feliz dentro de casa, sino que también tiene una apariencia muy particular realzada por esos ojos ovalados que brillan en tonos cobrizos o ambarinos.

Algo de Siamés

El aspecto de los gatos Cornish Rex recuerda bastante al de los Siameses, con la salvedad de que su pelo tiene otra estructura y está muy rizado. Lo ideal es que el pelaje esté formado por series de ondulaciones de aspecto muy uniforme. Según el estándar de la FIFe se reconocen todos los colores y dibujos. Otras similitudes entre el Siamés y el Cornish Rex son las largas patas traseras y la longitud de su cola, que en este caso deberá estar cubierta de pelo rizado.

Los jueces de las exposiciones felinas, además de en la calidad del pelo de los Cornish Rex, se fijan sobre todo en su figura y en la forma de la cabeza. Ésta ha de tener forma de cuña y su longitud ha de ser un tercio más que la anchura máxima. Las zonas sin pelo y los pelos rígidos bajan la calificación.

Hacen falta conocimientos

Para poder tener éxito con la cría del Cornish Rex hay que ser bastante competente. Así, por ejemplo, hay que saber que los gatitos nacen con unos rizos preciosos, pero que éstos desaparecen al cabo de poco tiempo. A los tres meses de edad recuperan de nuevo sus rizos y ondulaciones. Este cambio temporal afecta más a los gatitos grandes y regordetes que a sus hermanos más pequeños y delicados.

Otra característica de esta raza es que le gusta vivir en un entorno cálido y confortable. Ningún Cornish Rex saldrá voluntariamente al jardín cuando llueva o haga frío. Si se le quiere dar una gran alegría a uno de estos felinos rizados no hay más que ponerle una fuente de calor bajo su cama. No es que lo necesite por motivos de salud, pero sí que le hará sentirse mucho más a gusto. Y esto también puede aplicarse al estrecho contacto físico. El Cornish Rex se siente muy feliz cuando puede estar muy cerca de sus dueños. Los conocedores de esta raza la consideran como muy inteligente. Si se lo subvalora se corre el riesgo de ser dominado por él. Este tigrecillo rizado sabe perfectamente lo que ha de ha-

cer para dominar sutilmente a las personas y a sus congéneres. Si convive con otros gatos, siempre acaba consiguiendo el liderazgo del grupo.

Mirando al futuro

A pesar de que los Cornish Rex siguen siendo una de las razas raras, su popularidad va constantemente en aumento. Según Anneliese Hackmann, presidenta de la World Cat Federation: «En algunos países existen muchos Cornish Rex distintos, y en otros una única variedad. En Alemania ha vuelto a aumentar su cantidad y la raza se ha consolidado. Los criadores están bien informados».

Por lo tanto, parece ser que los Cornish Rex, de cuerpo esbelto y sorprendentemente duro y musculoso, gozan de buenas perspectivas de futuro. Naturalmente, para decidirse por un gato tan especial hay que tener un gusto un poco excéntrico. Pero también resulta ser un compañero especialmente adorable y cariñoso.

Devon Rex

Tipo: mediano
Cabeza: pequeña, corta y angulosa, de aspecto cuneiforme
Ojos: grandes, ovalados y bien separados, de color luminoso
Cuerpo: moderadamente alargado, musculoso
Cola: larga y fina
Pelaje: corto, fino, rizado con ondulaciones, no tan ordenado como en el Cornisa Rex; bigotes y cejas rizados
Colores: todos los colores y dibujos

El gato Rex con una característica posición de patas.

Pelaje rizado, ondulado, ojos grandes y expresivos, y una cabeza corta en forma de cuña son algunas de las características más notables del Devon Rex. Pertenece –exactamente igual que los Cornish Rex y German Rex– al grupo de los «ET mimosos», y que conste que esto no es nada despectivo. Al contrario: no todas las razas pueden causar una primera impresión tan favorable por lo que respecta a su dulzura y cariño. Los gatos Rex son unos seres realmente adorables y que se sienten felices viviendo dentro de casa como mascotas.

La historia del Devon Rex se inicia en los años 60, a partir de un apareamiento casual entre gatos domésticos acaecido en el británico condado de Devon, y de allí arranca su camino hacia el éxito entre la élite felina. Naturalmente, al principio su aspecto externo no estaba tan definido como hoy en día, pero el aspecto de su pelaje ya era muy característico a causa de una mutación genética. A lo largo de los años, un programa de repro-ducción selectiva se encargaría de reforzar las cualidades deseadas. Pero hubo de superar algunos obstáculos. Al principio de la cría aparecían muchas enfermedades, y eso parece ser debido a que se habían cometido algunos errores importantes. Durante bastante tiempo, la calidad del pelaje también dejó mucho que desear. Los criadores experimentados lo atribuyen a que se estuvieron cometiendo errores a lo largo de varias décadas. Pero actualmente, una reproducción selectiva y profesional ha hecho que todos estos problemas hayan pasado definitivamente a formar parte del pasado. En la actualidad, el porte y el pelaje del Devon Rex suelen ser espléndidos. Existen Devon Rex de todos los colores y con todos los dibujos, pero los más populares son los de pelaje blanco y ojos dorados. Sus ojos están muy separados y destacan por su tamaño y por su color puro y claro. Las ondulaciones de las cejas y los bigotes realzan aún más el curioso aspecto de este felino.

Patas torcidas

Los gatos Devon Rex presentan una cabeza triangular con una nariz corta y generalmente no tienen el pelo tan ondulado como el del German Rex y el Cornish Rex. En general son más compactos y ponen sus patas en una posición muy característica, que algunos describen simplemente como patas «en O», y que se debe a que están ligeramente torcidas con respecto al cuerpo. Los jueces prestan especial atención a la cabeza, el porte y la postura. También se han producido descalificaciones debidas al pelaje. Éste no deberá presentar desnudas ni zonas apelmazadas, sino que tendrá que ser corto, fino y muy suave. Naturalmente, es preferible que el animal esté completamente recubierto de pelo, pero muchos Devon Rex tienen su parte inferior cubierta solamente por una pelusa.

Sorprendente

La mayoría de los Devon Rex se portan muy bien en las exposiciones. Son muy tranquilos y dóciles, cualidades que los jueces saben apreciar. Parece ser que estos cariñosos felinos tienen un fino instinto que les permite saber si alguien los quiere o no. Esta aptitud la comparten con el gato Sphynx, que también se guía mucho por su intuición y su sensibilidad.

Pero los gatos Devon Rex no sólo son buenos conocedores de las personas, sino que también pueden dar sorpresas.

Anneliese Hackmann, presidenta de la World Cat Association, recuerda que «lo más sorprendente que he visto en mi vida fue un expositor en Italia: a él se colgaban, trepaban y pegaban siete Devon Rex mientras intentaba pasar por el control de la entrada. Se los sacudió literalmente del abrigo para que los reconociese el veterinario, y luego se los volvió a poner».

Longevidad

La veterana experta en gatos está fascinada por los Rex: «Después de haber criado Siameses, Orientales, Persas, Sagrados de Birmania y también algunos Británicos, he de decir que, por lo que respecta a la salud, los Rex los superan a todos de largo. Todos mis gatos han llegado siempre a viejos. Incluso mi Sagrado de Birmania vivió más de 20 años. La esperanza de vida seguro que depende también de otros factores. Pero he podido comprobar que los gatos de razas pequeñas, o sea, las de aspecto más delicado, son los que viven más años. Y entre éstos hay que incluir a los Rex».

Mau Egipcio

Tipo: gato elegante y moteado

Cabeza: cuneiforme, ligeramente redondeada, ligero stop, nariz tan ancha como larga, orejas medianas bien separadas y moderadamente puntiagudas

Ojos: grandes, almendrados, ligeramente oblicuos, de color verde claro en diferentes tonalidades

Cuerpo: longitud mediana, elegante; musculoso, patas traseras más largas que las delanteras, pliegue cutáneo desde el flanco hasta la rodilla posterior

Cola: moderadamente larga, gruesa en la base, se va afinando en la punta

Pelaje: corto, resistente, brillante, bien pegado al cuerpo, fino y sedoso; dos o más franjas ticking en el pelaje de fondo

Colores: capa naturalmente spotted tabby (moteada) y con rayas en los points; colores: smoke, silver, bronze

Saludos felinos desde el antiguo Egipto.

No existe ningún amante de los gatos capaz de mostrarse indiferente ante un Mau Egipcio. El brillante y lustroso pelaje de este felino de talla media está salpicado de unas manchas que le dan aspecto de gato salvaje. Da igual que su elegante pelaje sea el de las variedades smoke, silver o bronze, esta belleza siempre causa admiración por la misteriosa «M» (el famoso escarabajo) que lleva en la frente.

Si hemos de creer en las investigaciones científicas, el Mau sería originalmente una subespecie domesticada del gato salvaje africano que vive en el altiplano etíope. Por lo menos ésta es la conclusión a la que llegó el egiptólogo y experto en gatos Morrison Scott después de examinar a fondo unos gatos egipcios momificados de más de 2.000 años de antigüedad.

Pero para llegar a la reaparición de estas bellezas hemos de dar un gran salto en el tiempo. Las numerosas lagunas existentes hacen que los orígenes de la cría de este gato que se citan en la bibliografía sean como mínimo dudosos, pero de todos modos no queremos privarle de la versión oficial.

Fue ni más ni menos que una princesa rusa quién descubrió dos preciosos Mau Egipcios durante un viaje a Italia y no dudó en adquirirlos. Las primeras camadas de Mau Egipcio se obtendrían en 1953 y 1954. Todas las bellezas moteadas que descienden de la Fatima-Cattery de la princesa rusa se consideran como línea tradicional. Desde hace poco se están cruzando estos gatos con los de la llamada línea India, lo cual debería mejorar el contraste y el dibujo de su pelaje. Por lo visto, mediante estos cruzamientos se obtiene también una cabeza de formas más definidas.

Europa sucumbe a las manchas

En Europa, después de la Segunda Guerra Mundial, las cosas no iban muy bien para la cría del Mau Egipcio. Esa raza maravillosamente hermosa se dio casi por extinguida, y al parecer no hubo nadie dispuesto a esforzarse en seguir criándola. Pero estas bellezas con manchas deben ser capaces de renacer de sus cenizas como el Ave Fénix.

Los criadores de Suiza, Holanda e Italia empezaron a importar Mau Egipcios de la línea tradicional procedentes de Estados Unidos. Al principio la raza sólo fue reconocida por federaciones independientes, pero luego también lo hizo la FIFe.

Finalmente se podrían mostrar los Mau Egipcios en las exposiciones europeas; su popularidad fue en aumento y los criadores alemanes y franceses también empezaron a importar ejemplares de las líneas norteamericanas.

«Natural Breed»

Dado que la diversidad genética de esta hermosa raza sigue siendo muy reducida, hoy en día se siguen importando gatos de Estados Unidos. A pesar de las airadas protestas de muchos criadores, la línea India también ha puesto pie en Europa. Y esto ha hecho que un reducido círculo de expertos en la raza se hayan decidido a luchar por la pureza de la misma. Difunden el concepto de «*Natural Breed*» (raza pura), porque sus reproductores descienden de la población original y nunca se han de mezclar con otras razas. Pero no faltan los criadores que afirman que esto no es más que dificultar la cría.

De naturaleza un poco extrema

Los poseedores de los Mau Egipcios no hacen más que alabar el carácter de sus activos y hermosos gatos. Se aprecia el gran individualismo, la insaciable curiosidad y el carácter abierto de este musculoso gato.

Más de uno opina que su adorado Mau representa una perfecta conjunción de fuerza, carácter, gracia y vivacidad.

El carácter lineal del Mau Egipcio parece ser que se debe a su facilidad para los extremos. Cuando logra abrir su corazón a alguien, lo ama con todo su ser y todas sus fuerzas. Cuando un Mau se interesa por algo que sucede en su entorno, pone en ello toda su curiosidad, su tenacidad y su tozudez. Siempre es interesante observar a este hermoso animal que, en su día, se contó entre una de las muchas pasiones de Cleopatra.

Europeo de pelo corto

Tipo: gato doméstico
Cabeza: grande, ancha, de contornos redondeados, nariz recta, mentón firme, orejas medianas y separadas
Ojos: grandes, redondos, ligeramente oblicuos
Cuerpo: alargado, robusto, fuerte, musculoso
Cola: de longitud media, gruesa en la base, con la punta redondeada
Pelaje: corto, denso, brillante, sin pelusa
Colores: todos los colores y dibujos excepto el chocolate, el lila y el colourpoint

Esperemos que no esté a punto de extinguirse.

Es el rey indiscutible de los jardines y merodea sigilosamente detrás de nosotros por toda Europa. Muchos consideran al gato doméstico –pues eso es lo que es en realidad el gato Europeo de pelo corto– como al representante más genuino del mundo de los felinos. Se le atribuyen una sorprendente fortaleza, una gran longevidad y una notable inteligencia. Y no faltan quienes afirman que los gatos domésticos tienen un instinto muy desarrollado, y que a diferencia de sus parientes de sangre azul, los gatos de raza, éstos son perfectamente capaces de sobrevivir por su cuenta sin la ayuda del hombre.

Hay algo que es indiscutible: los gatos Europeos de pelo corto sorprenden por su sencilla belleza y se adaptan perfectamente al entorno sin necesidad de colas extraordinariamente peludas, pinceles en las orejas, ni melenas leoninas. Emanan *charme*, y ponen una cierta nota salvaje en nuestros patios y jardines.

De algún modo, los ojos de nuestro gato doméstico irradian los milenios de historia evolutiva del más perfecto de todos los predadores. Su forma de cazar es incomparable, su rapidez de reacción es increíble, y ningún animal es capaz de trepar por los árboles con tanta agilidad y belleza de movimientos.

La llamada de la libertad

Y también existen esas diferencias obvias, que no siempre aparecen en todos los felinos, pero que son conocidas por todos: los gatos de campo y los gatos callejeros –que es como muchas veces llamamos a estos cazarratones implacables– no reciben estos nombres por casualidad. La mayoría de estos gatos, que no pertenecen a ninguna raza con títulos nobiliarios ni trofeos, aman su independencia y poseen unas irrefrenables ansias de libertad. Todo irá bien si tienen derecho a abandonar a su antojo las limitaciones del hogar en el que viven y pueden salir libremente al exterior para correr todo tipo de aventuras felinas.

A estos aventureros e investigadores natos no suelen hacerles ninguna gracia los cestos bien acolchados y con cojines de satén perfumado. Les divierten mucho más los escondrijos entre las hierbas altas, entre los matorrales o en los lugares más insospechados de la casa. Simplemente porque desde ahí pueden observar muchas más cosas que desde un confortable rincón del hogar.

Una obra maestra de la evolución

Los gatos son la encarnación del perfecto predador, una obra maestra de la evolución, y los gatos domésticos se encargan de demostrarlo a diario. Cada fibra de su elegante cuerpo está perfectamente adaptada para el arte de la caza. El segundo animal doméstico más popular de Europa salta con la rapidez del rayo y clava sus afilados dientes en la presa en una fracción de segundo.

Observación, aproximación sigilosa, una corta carrera, trepar y saltar son las especialidades de la familia *Felidae* –aunque al ver a nuestro querido «Max» dormitando plácidamente en su sillón favorito podamos olvidarnos fácilmente de que se trata de un cazador implacable provisto de fuertes dientes y afiladas uñas–.

En cuanto el predador logra atrapar a su presa con los colmillos, la sujeta con las garras y los dientes. Sus agudos dientes perforan la columna vertebral y matan al ratón en una fracción de segundo. A pesar de que los gatos pueden matar muy rápidamente, a veces un roedor herido de muerte sufre durante algún tiempo antes de morir. Los cazadores de ratones a veces disfrutan jugando con su trofeo durante minutos antes de darle el mordisco de gracia a su indefensa presa.

En marcha al amanecer

Las horas de máxima actividad de los gatos domésticos son al alba y al anochecer. Acechan a sus posibles presas cuando abandonan sus madrigueras para ir en busca de alimento amparadas por la oscuridad.

Los predadores que cazan en las penumbras están provistos de unos órganos sensoriales muy desarrollados. Ven mucho mejor que las personas y su oído es mucho más sensible que el de los demás animales.

German Rex

Tipo: gato de tamaño medio con el pelo rizado
Cabeza: redondeada, con una buena amplitud entre las orejas, mentón macizo, bigotes rizados muy cortos
Ojos: medianos, bien abiertos, buena separación de la línea de la nariz; color luminoso, a juego con el color del pelaje
Cuerpo: mediano, fuerte, musculoso, espalda recta desde la paletilla hasta la grupa
Cola: de longitud media y base robusta, ligeramente afilada hacia el extremo, punta redondeada, peluda
Pelaje: aterciopelado, suave, corto, claramente ondulado o rizado, más largo que el del Cornish Rex
Colores: todos los colores, se acepta cualquier parte blanca

La respuesta alemana a los Cornish y Devon Rex.

Los conocedores de los gatos Rex describen el carácter de sus adorados felinos rizados como extraordinariamente cariñoso. Estos egocéntricos felinos son unos gatos a los que les gusta estar dentro de casa y disponer de un rincón caliente. A los Rex les encanta el contacto con la gente y son muy sociables. Les encanta jugar y mantenerse activos. No pasa un día sin que a estos sorprendentes payasos se les ocurra hacer algo nuevo. Entre las actividades favoritas del extraordinariamente curioso German Rex se incluyen los saltos acrobáticos, trepar a toda velocidad por los muebles de la casa o brincar incansablemente de un lado a otro.

Los Rex generalmente no se muestran nada tímidos ante los niños o con los desconocidos. Incluso en situaciones que les resultan desconocidas se mantienen altivos y amigables. Pero las relaciones con los otros ya es otro asunto: al German Rex le gusta ser el rey de la casa y se lo indicará claramente a sus congéneres. Marcará el orden jerárquico sin demasiado esfuerzo. Si el otro gato no acepta inmediatamente las condiciones, no hay que descartar que se produzca un enfrentamiento entre ellos.

El cuidado del German Rex es bastante sencillo: para mantener en forma su pelaje rizado basta con cepillarlo una vez al día. Durante la muda, que en el German Rex discurre de forma bastante discreta, se le puede pasar diariamente una gamuza húmeda para eliminar los pelos sueltos.

Peculiaridades

La mayoría de las personas que se interesan por los Rex se sienten decepcionadas cuando ven a los gatitos por primera vez. El pelaje de los recién nacidos posee las ondulacio-

nes características de su raza, pero éstas desaparecen al cabo de poco tiempo. Este retroceso de las ondulaciones del pelaje coincide con el rápido aumento de peso de los pequeños Rex. En esa época, su piel crece tan deprisa que el desarrollo del pelo sencillamente no puede seguirla. El pelo rizado vuelve a aparecer, como muy tarde, con la primera muda. Pero pueden tener que pasar hasta dos años para que el pelaje alcance su perfección.

Origen

Los gatos Rex se han obtenido artificialmente por reproducción selectiva. En el pasado siempre se dieron casos esporádicos de gatos domésticos rizados en todo el mundo. Pero

generalmente nadie intentó continuar la cría de estos animales.

El gen responsable de las ondulaciones o los rizos de la mayoría de los Rex es un carácter recesivo que aparece por mutación espontánea. Pero a menos que se realicen cruces consanguíneos, los gatos rizados siguen siendo minoría.

Para llegar al origen del German Rex hay que remontarse a los primeros decenios del siglo xx. Naturalmente, en esa época los gatos rizados no recibían el nombre de Rex. Esa denominación se la deben a un criador de conejos británico, de Cornwall, que encontró unos gatitos rizados en la camada de una gata doméstica normal y corriente. Esto sucedió hacia 1950. Pero se sabe que en Alemania existían gatos rizados mucho antes de esa fecha: parece ser que a principios de los años 30 vivía en Prusia Oriental un gato llamado «Munk» que era portador del gen del pelo rizado. Por lo visto, «Munk» descendía del cruce de un Azul Ruso y un gato de Angora marrón. Este gato es el ejemplo más antiguo que tenemos del German Rex. Dado que no se emprendió ningún programa de reproducción selectiva, la línea desapareció para siempre.

Las siguientes noticias de la existencia del German Rex datan de 1951: la doctora R. Scheuer-Karpin descubrió un gato rizado en los terrenos de la clínica Hufeland de Berlín. Por lo visto, sus descendientes rizados causaron furor en el extranjero.

Al principio, en Alemania no se prestó mucho interés al German Rex. Para ampliar su variedad genética se recurrió a cruzamientos con gatos domésticos y, según todos los indicios, más tarde se emplearon también un gato Persa y un Devon Rex.

Korat

Tipo: un gato de líneas suaves y pelaje plateado

Cabeza: vista desde delante, su cabeza tiene forma de corazón; frente ancha y ojos muy separados, nariz larga, orejas grandes y de inserción alta

Ojos: redondos, muy grandes en relación con el tamaño de la cara, luminosos y muy expresivos, abiertos

Cuerpo: tamaño mediano, musculoso, esbelto, fuerte, elástico, espalda arqueada, patas traseras ligeramente más largas que las delanteras

Cola: longitud media, más gruesa en la base, punta redondeada

Pelaje: corto a semilargo, lustroso y fino, apretado, capa simple sin pelusa

Colores: azul plateado uniforme, sin manchas ni rayas

Raras bellezas de mirada misteriosa.

Los gatos Korat son los más raros de las cuatro razas azules, y en el cuadro de valores de los aficionados se encuentran muy por detrás del Británico de pelo corto azul, del cada vez más apreciado Azul Ruso y, sobre todo, del Chartreux que se cría principalmente en Francia.

Sin embargo, además de su increíble belleza y su adorable carácter, tienen también un pasado muy interesante.

Actualmente no llegan a diez los criadores que se dedican a esta raza en Alemania, y en los demás países europeos la situación es aún peor. Solamente se cría abundantemente en Estados Unidos y en Canadá.

Pelo de nubes y plata

Parece ser que los esbeltos y musculosos Korat son una de las razas de gatos más antiguas. Su origen se sitúa en la hermosa Tailandia, donde la excepcional belleza de estos elegantes felinos ya se alababa en los manuscritos de la época Ayundhaya (1350-1767) conocidos como *Smud Khoi*.

Según todos los indicios, el nombre de Korat hace referencia a la provincia del norte de Tailandia del mismo nombre. Por lo visto, en esa región había más gatos azules que en el resto del país. El rey Rama V, que guió los destinos del país a finales del siglo XIX y principios del XX, se interesó por el origen de estos gatos y decidió llamarlos Korat cuando le dijeron que procedían de la provincia de ese nombre.

Aspecto

¿Ha tenido alguna vez la oportunidad de ver a un gato Korat en directo? Si no es así, busque lo antes posible la oportunidad de dejarse fascinar por su esbelta y musculosa constitución. Su cuerpo no es ni de lejos tan corto como el de un Manx, pero tampoco tan alargado como el de un Siamés. Observe cómo esta belleza azul es capaz de emplear sus musculosas patas y su increíble capacidad de salto para proyectarse sin esfuerzo aparente y aterrizar en lo más alto del armario del recibidor. Capte la magia de esos ojos grandes y redondos que brillan misteriosamente en una tonalidad verde dorada. Algunos criadores americanos describen el impactante color de los ojos del Korat como *trafic-light green* para hacer justicia a su gran luminosidad. El color verde luminoso de los ojos de este gato tailandés no madura hasta la edad de dos años, y seguro que la primera vez que usted lo vea también le llegará al corazón.

Y no sólo por el hecho de que la cabeza de este gato tenga forma acorazonada. Acaricie suavemente con sus manos el lustroso pelaje corto o semilargo de este gato, que debido a la falta de pelusa lanosa crece pegado a su atlético cuerpo. Su precioso brillo plateado se debe a las puntas claras de los pelos y se aprecia principalmente en las partes del cuerpo cubiertas por un pelaje más corto (hocico, orejas y pies).

Según los estándares de la FIFe, las manchas y mechones blancos afean al animal tanto como cualquier otro color de pelaje que no sea el azul plateado.

Exportaciones desde Tailandia

Después de que los tailandeses disfrutasen de sus gatos Korat durante siglos, en 1959 llegó finalmente una pareja a Estados Unidos. Dado que al principio su diversidad genética era muy pequeña, hubo que cruzarlos con dos Siameses bluepoint. Por suerte no tardaron en llegar más importaciones de Tailandia y mejoraron la estirpe sin recurrir a los cruces consanguíneos. Ése fue el inicio de una carrera imparable.

A Alemania llegaron los primeros Korat a mediados de los años 70. Se considera que Elisabeth Weber («V. Rominten») fue la pionera en la cría del Korat en Alemania, permitiendo que ésta progresase a lo largo de los años 80. Actualmente los criadores de Korat en Alemania no llegan a la docena. Todos ellos se emplean con mucha dedicación y no dudan en recorrer largas distancias para acudir a sementales y a exposiciones. Son idealistas e individualistas que han descubierto una raza a la que consideran como suya y de la que ya nunca se podrían separar.

Ocicat

Tipo: musculoso,
no grueso, de apariencia
salvaje

Cabeza: forma
ligeramente triangular con
contornos redondeados,
hocico ancho, perfil con
ligera curva, orejas con
pinceles de lince

Ojos: grandes,
almendrados, ligeramente
oblicuos, de todos los
colores excepto azul

Cuerpo: grande, alargado,
fuerte, musculoso,
huesos robustos, pecho
profundo, patas de
longitud mediana

Cola: bastante fuerte,
larga, ligeramente afinada
hacia una punta oscura

Pelaje: corto pero lo
suficientemente largo
como para tener varias
franjas de color; fino, liso
y satinado

Colores: Capa moteada
(spotted tabby). Ticking:
todos los pelos tienen
franjas de color excepto
los de la cola; los de las
manchas tienen las
puntas oscuras. Colores
claros y bien definidos,
con coloración más clara
en la cara, en el mentón
y en el maxilar inferior.
Colores: marrón,
chocolate, lila, azul,
canela, fawn; estos
colores se encuentran
también en variedades
silver

**Gato raro, muy
inteligente y con
personalidad propia.**

Aire saturado de humedad, maleza espesa, lianas y el grito lejano de un ave exótica, ese sería en realidad el ambiente en el que más encajaría esta belleza musculosa, con manchas y de elegantes movimientos. Pero los Ocicat prefieren merodear por las viviendas humanas en la jungla urbana. ¿Estar expuesto a los peligros impredecibles de la vida en la naturaleza? De ningún modo. Cualquier gato que se precie de inteligente preferirá el confort y la comodidad de los cojines y sofás de la civilización.

La humanidad hace siglos que alberga el deseo de conseguir dominar lo indómito, domesticar a los amenazadores gatos salvajes y someterlos a su voluntad.

Ya los antiguos egipcios iban a la guerra acompañados de leones para aterrorizar a sus enemigos. El hecho de que esta práctica no consiguiese tener mucho éxito, ya es otro asunto. Por lo tanto, ¿qué mejor que crear algo nuevo? Un predador en miniatura con aspecto de fiera selvática, con manchas o franjas como los grandes –sólo que con garantía de docilidad–. El sueño de conseguir una fiera doméstica se materializó en tres razas: Ocicat, Bengalí y Mau Egipcio. Mientras que en los últimos años el Bengalí ha aumentado notablemente su popularidad entre los aficionados europeos, el hermoso Mau Egipcio y el moteado Ocicat se han visto relegados a un segundo plano. Y mientras que estos maravillosos felinos son cada vez más abundantes al otro lado del charco, en Europa sólo se pueden encontrar Ocicats buscándolos con lupa.

Un ocelote en miniatura

¿Y cómo empezó todo esto? En los años 60 en Estados Unidos. Cuando la criadora americana Virginia Daly apareó a un gato Siamés chocolate point con una gata cruce de Siamés y Abisinio, pocas semanas más tarde se cumplió uno de sus sueños: en la camada no sólo habían unos gatitos con máscara, sino que uno de ellos era tabby. El Ocicat apareció casualmente como producto de la evolución.

Probablemente fuese una ventaja que hubiese que esperar hasta 1986 para que se estableciese el estándar definitivo para este predador doméstico. Así se dispuso de 20 años para pulir posibles fallos. En 1987 su cría ya se había consolidado: las federaciones felinas norteamericanas TICA y ACFA otorgaron el reconocimiento oficial a esta raza y catapultaron a estos rompecorazones moteados al más elevado nivel de la escala de aceptación –por lo menos de los americanos–.

El Ocicat en Europa

En Europa se acogió con poco entusiasmo la posibilidad de empezar a criar estos mini-ocelotes procedentes de Estados Unidos. Es posible que su escasa popularidad se deba a que en 1992 la Federación Internacional Felina (FIFe) reconoció simultáneamente a dos hermosos gatos de aspecto selvático: el Ocicat y el Mau Egipcio. Y es probable que eso fuese demasiada fauna selvática para la lluviosa Europa Central. Y sin olvidarnos del Bengalí. Éste ya se había ganado el aprecio de muchos criadores europeos que no estaban dispuestos a tener que aceptar más competencia en este campo.

Sin embargo, algún que otro criador decidió probar con esta nueva era y empezó a popularizarla lentamente.

Los cruzamientos con Abisinios resultaron ser una buena idea y le proporcionaron más sustancia a la raza. De todos modos, todavía hoy los criadores expertos siguen considerando necesario un programa de cría selectiva para el Ocicat.

Por lo que se refiere a la mejora del color, gran parte del mérito les corresponde a los criadores alemanes e ingleses. A ellos se debe el color canela (sorrel), un soberbio rojo, que enriqueció la cría del Ocicat con un hermoso detalle del que hoy no querría prescindir ninguno de sus incondicionales. Los americanos no tardaron en dar señales de vida e importaron muchos de estos gatos para hacerlos cruzar el Atlántico de regreso a su país de origen. Y sigue habiendo quienes afirman que en el país de las infinitas oportunidades siguen estando siempre un paso por delante de los europeos.

Azul Ruso

Tipo: grácil, esbelto y elegante

Cabeza: corta y cuneiforme, cráneo chato, hocico mediano, nariz derecha sin stop, orejas grandes dirigidas hacia delante

Ojos: verdes, vivaces, muy separados, grandes, almendrados

Cuerpo: alargado, con huesos moderadamente robustos, patas largas y finas

Cola: larga, puntiaguda

Pelaje: corto, denso, muy fino, suave, sedoso, doble con pelusa abundante

Colores: azul gris uniforme, con reflejos plateados (silver tipping); es preferible un azul de tono medio

Elegancia con un pelaje de brillo metalizado.

Sus grandes ojos verdes brillan como esmeraldas. El musculoso cuerpo de este gato de tamaño medio está cubierto por un hermoso pelaje de color gris azulado con brillo plateado que luce casi como un metal precioso, y que es el engarce ideal para sus brillantes y misteriosos ojos. Por este motivo, muchos incondicionales del Azul Ruso no dudan en considerarlo como el más aristocrático de los gatos. Su aspecto grácil y su peculiar forma de caminar con soltura y elegancia sobre una gruesa alfombra son algo realmente asombroso.

La fascinación va en aumento si se tiene la oportunidad de deslizar suavemente los dedos sobre el brillante pelaje de esta belleza azul. ¿Es realmente el pelo de un gato, o se trata de un muñeco de peluche? Su pelo corto y sedoso es sumamente fino y sorprende por su doble estructura. La cálida pelusa lanuda y el atractivo manto tienen exactamente la misma longitud, lo cual proporciona al pelaje una textura extrañamente esponjosa. Los aficionados a esta raza tan hermosa aseguran que ese tacto no se puede comparar con el de ninguna otra raza felina.

Misterioso

Con frecuencia se comenta que este gato es un animal misterioso y difícil de comprender. El gato Azul Ruso

parece haber convertido esta fama en una misión de por vida, ya que cuando le mira a uno con sus ojos verdes y las puntas de su pelo plateado emiten destellos metálicos al darles el sol, nos parece realmente estar ante un ser misterioso.

Diversidad de sensaciones: por una parte están su elegancia y su armonía, que irradian una potente fuerza de atracción, y por otra su relativa inaccesibilidad. Estos gráciles gatos azules no están en absoluto dispuestos a mostrar su interés por el primero que se les acerque. Se mantienen a una distancia prudencial de los extraños y los observan detenidamente hasta dejar que un desconocido pueda ni siquiera tocarles el pelo.

Origen incierto

¿Y a quién le deben su existencia estas sorprendentes bellezas? ¿Cuándo y de dónde nos llegaron los primeros gatos Azules Rusos? Existen muchas versiones en cuanto a su procedencia, pero el pasado de este extraordinario gato sigue siendo muy incierto. Por lo visto se trata de una de las más antiguas razas de gatos de pelo corto. Parece ser que las noticias comprobables más antiguas coinciden: antiguamente se criaban estos gatos de pelaje suave y esponjoso para aprovechar su piel. Los escritos de la época corroboran que la piel del gato ruso se empleaba para forrar mangas y cuellos.

También se sabe que en 1880 los gatos Azules Rusos fueron exhibidos por primera vez en Inglaterra, y que causaron furor gracias a su rostro en forma de cuña, sus espesos bigotes y su pelaje esponjoso. Hasta ese momento, en la lluviosa Gran Bretaña no habían visto nunca un gato con el pelaje tan esponjoso y con reflejos metálicos.

La Segunda Guerra Mundial fue un duro golpe para el arranque de esta sorprendente raza. A mediados de los años 40 se la consideraba prácticamente extinguida. En Inglaterra se recurrió a la hibridación con Siameses azules, lo cual no sirvió tanto para la conservación de la raza como para alterar profundamente sus características. A mediados de los años 60 se empezaron a añorar las características originales del Azul Ruso, y su recuperación se convirtió en objetivo prioritario para la cría a escala internacional.

El reducido pero selecto círculo de criadores que se ha propuesto mantener la pureza del Azul Ruso afirma que este gato tiene que tener obligatoriamente el pelo corto y que no puede tener zonas blancas. En su árbol genealógico, los medallones o manchas blancas del vientre son tan inaceptables como el pelo largo o semilargo. El propósito de todo esto no es otro que el de conservar el aspecto original de esta raza sin ningún tipo de concesiones.

Snowshoe

Tipo: elegante
Cabeza: cuña ancha y modificada, con contornos redondeados, orejas medianas o grandes y anchas en la base
Ojos: grandes, ovalados, de color azul
Cuerpo: tamaño medio, musculatura media y huesos de robustez media
Cola: de mediana a larga
Pelaje: corto a semilargo, sin pelusa lanuda reconocible, fino, lustroso, liso
Colores: solid points y tabby points con las marcas bien definidas y en armonía con el color del cuerpo, que es siempre más claro; los cuatro pies han de ser blancos; se acepta una gran proporción de blanco en el cuerpo

El gato de los guantes blancos.

Sin lugar a dudas, las características más destacadas de la raza Snowshoe son sus grandes ojos de color azul profundo, que le proporcionan una expresión inconfundible, así como sus pies (guantes) blancos. El origen del fantasioso nombre de este inteligente gato está muy claro: al tener los pies blancos, parece como si el «gato con zapatos de nieve» hubiese estado correteando por la nieve en polvo recién caída. Se trata de una raza relativamente joven obtenida a base de cruzar un Siamés con un American Shorthair bicolor (gato Americano de pelo corto bicolor). Los primeros gatitos Snowshoe vieron la luz del día a finales de los años 60. Este espectacular acontecimiento tenemos que agradecérselo a las ambiciones de una aficionada a los gatos de Fladelfia.

La raza fue registrada por la American Cat Association (ACA) en 1974, y la Cat Fanciers Association siguió sus pasos registrando a la raza Snowshoe como reproducción experimental. A pesar de haber despertado el interés por el lado oficial, la cría del Snowshoe acabó estancada. Pero los aficionados al Snowshoe siguieron en activo: en septiembre de 1988 se alcanzó el estatus de campeón en el seno de la CFF, y un año más tarde el primer «gato con zapatos de nieve» alcanzó realmente un título de campeón. Mientras tanto, el grado de campeón también fue reconocido por la American Cat Fanciers Association (ACFA), The International Cat Association (TICA), la World Cat Federation (WCF) y otras federaciones. La representación oficial de la raza depende actualmente de la Snowshoe Cat Fancier of America, integrada en la CFF, y en la federación independiente Snowshoes International fundada en 1984.

Aspecto general

El Snowshoe tiene una apariencia extraordinaria: este gato de tamaño medio a grande combina las características propias del Siamés con los pies blancos y el cuerpo musculoso del American Shorthair bicolor. También se integran de forma armoniosa la robustez de sus antepasados de pelo corto y el cuerpo alargado que le proporciona su sangre oriental, proporcionándole al «gato con zapatos de nieve» su característica apariencia. Su aspecto es muy proporcionado se lo mire por donde se lo mire, ni demasiado grande ni demasiado pequeño. El cuerpo potente y musculoso del Snowshoe le proporciona fuerza y agilidad. El estándar de la TICA compara su aspecto con el de un corredor de atletismo; no se aprecia mucho la apariencia del levantador de pesas.

Esa única combinación de puntas negras, pelaje blanco, pelo corto y cuerpo robusto es lo que convierte al Snowshoe en una raza extraordinaria que alcanza toda su belleza cuando el contraste entre el color del pelaje y las puntas resulta muy marcado y simétrico.

Los Snowshoe tienen fama de ser gatos inteligentes y con personalidad. Les gusta comunicarse con sus dueños, pero son algo menos parlanchines que los Siameses. Su voz se considera suave y melódica. Los conocedores de la raza aprecian mucho la adaptabilidad de estas bellezas felinas. Generalmente aceptan bien a otros animales domésticos (tanto gatos como perros). Actualmente existen Snowshoe en los colores seal point, blue point, chocolate point, lila point, canela y fawn. Se considera que los colores tradicionales del Snowshoe son el seal point y el blue point. Su pelaje es corto o semilargo, fino, tupido y tiene una textura ligeramente áspera con un brillo sedoso. Apenas tiene pelusa lanosa.

Temperamento

Los Snowshoe son inteligentes y les

gusta relacionarse con la gente. Su temperamento pacífico facilita su integración en un grupo de animales domésticos, y su adaptabilidad lo convierte en un miembro de la familia sin complicaciones. Seguramente, el «gato con zapatos de nieve» debe su carácter fuerte y equilibrado a sus antepasados American Shorthair. Los incondicionales de la raza alaban su carácter suave y afable.

Sokoke

Tipo: gato salvaje africano

Cabeza: pequeña en relación al cuerpo, forma de cuña, parte superior del cráneo plana, mentón ancho, orejas anchas en la base y con pinceles

Ojos: grandes, bien separados, ligeramente almendrados y en posición oblicua, entre ámbar y verde claro

Cuerpo: moderadamente alargado, esbelto, musculoso, huesos robustos, patas largas y esbeltas

Cola: de longitud media, gruesa en la base, se va afinando hacia la punta

Pelaje: muy corto y pegado al cuerpo, brillante pero no sedoso, pelusa escasa o ausente

Colores: blotched tabby marrón o negro

El gato salvaje de las selvas africanas.

El gato Sokoke o Khadzonzo es extraordinariamente raro y procede de la selva de Sokoke-Arabuke, en Kenia. En esa región están unas de las últimas pluviselvas de África Oriental. Esos bosques tan ricos en especies no albergan solamente gatos sino que son también el hogar de la tribu Giriama. Parece ser que los indígenas conocen los gatos Sokoke desde hace mucho tiempo. Pero el gran público no conoció esta raza hasta que a finales de los años 70 la granjera Jeni Slater encontró en sus tierras una camada de gatitos Sokoke huérfanos.

Sacó adelante a los animalitos y se sorprendió por la confianza que le mostraban esos gatos salvajes. La raza efectuó su salto a Europa gracias a una aficionada danesa que se llevó estos gatos a Europa para ver cómo se adaptaban a las condiciones del norte de Europa. El reconocimiento oficial de esta exótica raza se produjo a principios de la década de los 90. La mayoría de los ejemplares se encuentran en Dinamarca, Noruega y Finlandia, pero también hay algunos en Estados Unidos, Italia y Alemania.

Cazador en grupo

La mayoría de los criadores en activo se encuentran en Dinamarca, aunque su número es muy escaso. Unos de los criadores de Sokoke con más experiencia son Heide y Ole Lund Sorensen y Anita Engebakken, y a lo largo de los años han podido efectuar algunas observaciones muy interesantes.

Según cuentan los Sorensen: «Después de vallar adecuadamente un jardín de casi 600 metros cuadrados para nuestros Sokoke que vivían en grupo, pudimos pasarnos horas observando a nuestros gatos, principalmente al anochecer. Son animales gregarios a los que no sólo les gusta dormir juntos y en un espacio muy estrecho, sino también cazar juntos. Tanto si se trataba de cazar a un pájaro como de "jugar a cazar" a otro gato, siempre observamos el mismo fascinante comportamiento: los Sokoke rodean a su presa intercambiando señales entre ellos, es decir, estableciendo una verdadera comunicación». También la captura propiamente dicha es similar a la de los grandes felinos que atacan en grupo. Los Sokoke le cierran la retaguardia a su presa del mismo modo que los leones cuando cazan antílopes en las sabanas africanas.

Séptimo sentido

Y no fue sólo su refinada técnica de caza lo que sorprendió a los daneses: «Estos gatos poseen un agudo séptimo sentido. Es casi imposible administrarle un tratamiento veterinario a un gato Sokoke. Por ejemplo, si cogemos a uno para ponerle un colirio o para desparasitarlo, alerta a todo el grupo mediante un lenguaje que hasta hoy seguimos sin comprender. Inmediatamente desaparece toda la manada y durante el resto del día no hay forma de encontrar a los gatos».

Y todavía hay más características curiosas: las gatas Sokoke suelen dar a luz estando de pie, y los gatitos se independizan al cabo de muy poco tiempo. Según Heidi y Ole Lund Sorensen: «Generalmente, cuando los gatitos de cuatro o cinco días se levantan temblorosamente sobre sus patas para salir a investigar el mundo que los rodea todavía no han abierto sus ojos ni una sola vez.» Este comportamiento nos indica que los gatos Sokoke sólo pueden sobrevivir en su hábitat natural si los gatitos son capaces de independizarse lo antes posible. Lo sorprendente de estos gatos es que no huyen del contacto con el hombre, que es lo que sería de esperar en una raza de gatos salvajes. Según los criadores: «En cuanto se acerca

alguien, los gatos empiezan a saltar y siguen la voz para intentar establecer contacto».

Necesidades especiales

De todos modos, los Sokoke no son unos típicos gatos domésticos. Tienen unas necesidades muy concretas que resultan muy exigentes para sus dueños. Para que estos incansables corredores y saltadores puedan desfogarse a sus anchas es necesario proporcionarles un cercado lo más grande posible. Además, estos gatos africanos necesitan calor. En la caseta para gatos de la familia Thorensen se mantiene constantemente una temperatura de 23° C, y las camas de los gatos están equipadas con un sistema de calefacción aparte. Por lo tanto, hay algunos detalles que conviene tener en cuenta antes de llevarse a casa a uno de estos pequeños gatos oriundos de las pluviselvas africanas.

Somalí

Tipo: mediano, majestuoso

Cabeza: en forma de triángulo con contornos suaves, frente algo abombada, perfil con curva suave, mentón desarrollado, orejas grandes y separadas

Ojos: grandes, almendrados, de color ámbar o verde, bordeados por una línea «eye liner» del color del ticking

Cuerpo: de corpulencia y longitud medianas, elegante, musculoso, espalda ligeramente arqueada

Cola: larga, puntiaguda, con la base gruesa, llevada alta, bien tupida como la de un zorro

Pelaje: fino, denso, suave, semilargo; más corto en la cabeza, la parte delantera de los miembros y las paletillas; semilargo en espalda, flancos, vientre y pecho; largo en la garganta (gorguera), parte trasera de los muslos (calzones) y cola

Colores: ticking con al menos dos o tres bandas de color en cada pelo, con las puntas oscuras.
Variedades: salvaje o ruddy (bandas negras y melocotón), azul (bandas gris azulado y crema), sorrel (bandas chocolate y melocotón), fawn (bandas crema oscuro y beige apagado), así como variantes silver

Un Abisinio en versión de pelo semilargo.

Parece increíble que al principio al gato Somalí se le considerase como un producto secundario indeseable. Actualmente a estos preciosos, inteligentes e incansables gatos de pelo semilargo se los cría en los mismos colores que al Abisinio, y son unos animales de gran belleza. Como parientes de pelo semilargo del Abisinio, su popularidad va en aumento en todo el mundo, y esto ha hecho que se conozca mejor a la raza y se fomente una cría muy abundante.

La historia del Somalí arranca en los años 50 y se concentra principalmente en Estados Unidos, Canadá, Nueva Zelanda y Australia. Parece ser que en esa época se produjo la aparición, no del todo casual, de muchos gatitos Abisinios de pelo largo, y su existencia resultaba sumamente incómoda para la mayoría de los criadores.

Si repasamos los árboles genealógicos de los antiguos Abisinios, veremos que muchos de los animales registrados son de origen desconocido. Encontramos denominaciones tales como «Semiabisinio» y «gato salvaje africano», y descubrimos que en la creación de esa raza también intervinieron gatos Siameses. La hibridación de varias razas hizo que en las camadas de los Abisinios siempre apareciesen algunos gatitos de pelo largo –los llamados Somalíes–. De todos modos, al Somalí de ningún modo hay que considerarlo como un Abisinio de pelo largo. Actualmente es una raza independiente con un genotipo y un carácter propios. Sigue estando permitido cruzar Abisinios en las estirpes Somalíes para mejorar su diversidad genética, pero no se debe experimentar en el sentido opuesto.

El camino hacia el reconocimiento

Si no hubiese habido unos criadores

con espíritu de pioneros que supiesen apreciar el característico genotipo de esta sorprendente variedad del Abisinio, el hermano de pelo largo probablemente no habría sido reconocido y seguiría oculto como en el pasado. Por suerte, sucedió todo lo contrario. Un reducido grupo de criadores y aficionados acompañaron a esta belleza de pelo largo en su camino hacia el reconocimiento oficial y se encargaron de que realmente fuese reconocido como una raza aparte.

El 1 de mayo de 1979 es una fecha clave en la cría del Somalí. Ese día la mayor federación felina de Estados Unidos, la Cat Fancier Association (CFA), le otorgó a la raza el estatus de campeón, y reconoció al Somalí como raza independiente en los colores «ruddy» (color salvaje) y «red sorrel» (sorrel). Naturalmente, también se estableció un estándar para la raza. Un año antes, los criadores le habían mostrado al comité de jueces 125 hermosos Somalíes para culminar el reconocimiento de la raza. En 1979 se fundó la Somali Cat Society.

Fue entonces cuando se decidió el sonoro nombre de Somalí (por el país africano de Somalia), siguiendo la inspiración africana del país de Abisinia (actualmente Etiopía). Naturalmente, ni la raza Abisinia ni la Somalí tienen nada que ver con el continente africano.

Tres años después de su reconocimiento por la CFA, la raza Somalí fue reconocida en Alemania por la FIFe incluyendo los colores azul y fawn. Un año más tarde fueron reconocidas también las variedades silver (plateadas).

Colores salvajes

A pesar de que el Somalí puede presentar una notable diversidad de co-

loraciones, el color más frecuente sigue siendo el salvaje o ruddy. El tono de fondo de esta coloración tan atractiva recuerda una tonalidad tostada (marrón rojizo o melocotón). El característico ticking de su pelaje (pelos a bandas) es preferible que sea negro. Los conocedores de esta raza aprecian mucho que tenga un pelo muy contrastado, generalmente a bandas. Los Somalíes de color sorrel deberían tener el ticking de color chocolate; los gatos azules lo deberían tener gris azulado, y los de color fawn pueden tener el ticking de color crema oscuro. Cada variedad de Somalí posee unas franjas características, incluso los de las variedades plateadas.

Sphynx

Tipo: gato desnudo
Cabeza: angulosa, ligeramente triangular, más larga que ancha, nariz corta, orejas muy grandes y anchas en la base
Ojos: en forma de limón, grandes, oblicuos, color acorde con el del pelaje
Cuerpo: mediano, alargado, duro, musculoso, pecho muy ancho y abdomen rollizo
Cola: delgada, más ancha en la base, puede tener un mechón de pelos en la punta
Piel: aparentemente desnuda; puede tener una pelusa corta y suave; pliegues alrededor del hocico, entre las orejas, en los hombros y las patas; la piel tiene el mismo tacto que un paño de gamuza; el pelaje se limita a un finísimo vello en la mayor parte del cuerpo
Colores: todas las variedades cromáticas incluyendo todas las combinaciones con blanco; se acepta que cualquier parte sea blanca; el blanco parece rosa, y el negro, gris oscuro

Desnudo y, por lo tanto, distinto y extraño.

Por lo que se refiere al gato Sphynx, no existen términos medios. O lo encontramos fascinante, o nos parece horrible. Pero nunca es conveniente realizar juicios apresurados. Pues el animal que a muchas personas, por desconocimiento, puede parecerles enfermizo, desagradable o feo, en realidad puede ser sano, alegre, vital y muy cariñoso.

Por el solo hecho de carecer de pelo, un gato no tiene por qué ser más propenso a enfermar o tener una menor esperanza de vida. Los aficionados a esta curiosa raza aprecian la suave y cálida piel de sus gatos, y se deshacen en alabanzas al hablar del carácter afable y cariñoso de los Sphynx.

Parece ser que siempre ha habido aficionados a los gatos desnudos y, por lo visto, éstos –al igual que los perros desnudos– ya eran criados por los aztecas. Demos un pequeño salto en el tiempo: en 1830, el biólogo alemán Rudolph Renger describió a los gatos desnudos en su obra *Naturgeschichte der paraguayischen Säugetiere* (Historia Natural de los mamíferos del Paraguay). La siguiente noticia nos llega en forma de una fotografía en blanco y negro de 1902 en la que se ve a dos gatos «Mexican Hairless» desnudos. Tal y como se puede observar en la fotografía, el cuerpo de los gatos estaba pigmentado por lo menos en dos colores. Las patas y la cara eran más claros que el resto. A principios del siglo XX, una tal J. Shinick de Alburquerque (New Mexico) escribió un artículo en el que daba algunos datos interesantes acerca de los gatos desnudos: «Los gatos fueron adquiridos a unos indios que viven a pocas millas de aquí. Los padres jesuitas creen que son los últimos de la raza azteca, y sólo se los conoce

en New Mexico». Esos gatos eran la gata «Nellie» y el macho «Dick». J. Shinick adquirió ambos animales, pero después de la repentina muerte del macho intentó buscar otro gato desnudo macho, sin éxito. Para la criadora estaba claro que la raza se podía dar por extinguida.

Desde esa época siempre han existido noticias sueltas sobre gatos desnudos. Por lo visto se trataba de un capricho de la naturaleza, y que en las personas despertaba sensaciones muy opuestas. Y ha seguido siendo así hasta la actualidad. Las personas que se interesan por este gato siguen formando un grupo muy reducido pero incondicional.

Genes recesivos

La carencia de pelo se debe a un gen recesivo que se puede heredar dando saltos de muchas generaciones. Y en una camada solamente aparecerán gatitos desnudos si ambos progenitores son portadores de ese gen. Por lo tanto, los gatos con pelaje completamente normal también desempeñan un importante papel en la cría del Sphynx. Ése es el caso, por ejemplo, de la famosa gata «Jezebel», a la que se considera como el punto de partida de la cría moderna de esta raza en Estados Unidos. Las líneas europeas partieron de las gatas «Punkie» y «Paloma». Parece ser que estas dos gatas fueron recogidas a finales de los años 70 por un aficionado a los gatos de Toronto (Canadá) creyendo que se trataba de gatos callejeros. Al principio se creía que tenían una enfermedad contagiosa, pero luego se comprobó que se trataba de verdaderas Sphynx. De Canadá fueron enviadas a Holanda, donde el criador Hugo Hernández disfrutó muchísimo con su cría. Él ya poseía un macho Sphynx, por lo que pudo aprovechar

bien los «genes frescos». Para iniciar la cría era, y sigue siendo, necesario realizar cruzamientos con gatos Devon Rex para evitar los problemas de salud derivados de una diversidad genética demasiado reducida.

Como un paño de gamuza

A pesar de ser de tamaño medio, los gatos Sphynx son sorprendentemente pesados. Su cuerpo es compacto y musculoso, y también tiene un vientre redondeado pero no demasiado grueso. Sin embargo, lo más curioso de todo sigue siendo su piel desnuda. Pero si nos fijamos bien veremos que está recubierta por una suave pelusa. Si lo acariciamos con la mano nos daremos cuenta de que la piel está bastante caliente y de que su tacto es como el de un paño de gamuza. A algunos puede que les parezcan extraños los pliegues cutáneos característicos de esta raza, pero según el estándar de la misma son deseables. Se encuentran alrededor del hocico, entre las orejas, en los hombros y las patas, y forman parte de la característica imagen del Sphynx.

Razas sin cola

Bobtail Japonés

Tipo: tamaño medio, cola corta

Cabeza: forma un triángulo equilátero casi perfecto, con líneas suaves

Ojos: grandes, ovalados, muy abiertos, alerta

Cuerpo: alargado, esbelto, elegante

Cola: de cinco a ocho centímetros de longitud, fuerte, recta o curvada, la lleva levantada, con aspecto de pompón

Pelaje: corto, suave, sedoso

Colores: todos excepto colourpoint, golden, silver y ticked tabby; los tricolores y bicolores son los preferidos

Bobtail de las Kuriles

(Pelo largo/Pelo corto)

Tipo: mediano a grande, cola corta

Cabeza: grande, trapezoidal con contornos redondeados

Ojos: redondeados, ligeramente oblicuos

Cuerpo: compacto, musculoso, huesos robustos

Cola: de tres a ocho centímetros de longitud, con varias curvas o ángulos

Pelaje: variante de pelo corto: denso, textura fina, manto recio, pelusa lanuda; variante de pelo largo: pelaje semilargo, manto bien desarrollado, poca pelusa lanuda, pechera, melena, «bombachos»

La cola no les falta del todo, pero tampoco puede decirse que su cola sea la de un gato normal. La FIFe reconoce oficialmente las siguientes razas de gatos sin cola: Bobtail Japonés, Bobtail de las Kuriles (de pelo largo/de pelo corto) y Manx. La WCF acepta a algunos gatos más sin cola: Cymric, Bobtail de Karelia y Bobtail del Mekong. Y en Estados Unidos todavía hay algunas más, como por ejemplo el American Bobtail. El que uno prefiera un gato con cola o sin ella ya es cuestión de gustos. Solamente hay que asegurarse de una cosa: que esa extravagante característica no vaya en detrimento de la salud del animal.

Bobtail Japonés

El Bobtail Japonés, considerado en Japón como el gato de la suerte, se caracteriza por tener una pequeña cola vestigial en forma de pompón. Cuando levanta su peluda colita, ésta parece la de un conejo. Para los aficionados a esta raza, el placer máximo radica en los ejemplares con dibujo Mi-Ké o Calico: estos gatos tienen grandes manchas rojas, blancas y negras que deben estar bien contrastadas y claramente separadas entre sí. Su cola corta se debe a una mutación. Tiene que medir de 5 a 8 cm de longitud, pero extendida puede alcanzar los 13 cm. Algunos Bobtail Japoneses tienen la cola recta, pero otros la tienen formando curvas o ángulos.

En el Japón medieval, se consideraba que este gato traía buena suerte y también era un símbolo de hospitalidad. Existen dibujos y esculturas antiguas que demuestran

(continuación)

su popularidad. En Japón todavía hay familias que a la entrada de sus casas colocan una figura de un Bobtail Japonés con las patas levantadas para dar la bienvenida a sus invitados.

Se dice que este gato es un ser que siempre está alerta y que se interesa por todo. Su curiosidad y su buen carácter hacen que esta raza, que existe en muchos colores, sea un buen gato doméstico.

Bobtail de las Kuriles

Los Bobtail de las Kuriles también tienen una cola muy corta. Sin embargo, esta raza, de la que existen variantes de pelo corto y de pelo largo, supera al Bobtail Japonés por lo que se refiere a la brevedad de la cola. Su cola está doblada en varias curvas o ángulos, es rígida o móvil, y mide de 3 a 8 cm.

Los Bobtail de las Kuriles son gatos de tamaño medio o grande que destacan por tener un cuerpo compacto y robusto. Una de sus características

es tener el dorso ligeramente arqueado desde los hombros hasta su punto más elevado.

Los Bobtail de las Kuriles de pelo corto tienen un pelaje denso, con una fina textura y el pelo bien desarrollado. La variante de pelo largo tiene un pelaje más largo y con poca pelusa lanuda.

Manx

Las diferencias entre los gatos Manx no se deben al color sino a la longitud de su cola vestigial. La variedad «Rumpy» carece completamente de cola y tiene un orificio al final de la columna vertebral. La «Rumpy Riser» es una variedad que tiene el hueso sacro prolongado hacia arriba de forma que no afecta al aspecto de gato sin cola. Y la «Stumpy» tiene una cola vestigial muy corta, y generalmente de forma irregular, cuya longitud no debe superar los 3 cm. En los gatos Manx se aceptan todos los colores y todos los dibujos.

Colores: todos excepto colourpoint, chocolate, canela, fawn, lila y cualquiera de ellos combinado con blanco

Manx
Tipo: mediano, de aspecto voluminoso
Cabeza: grande, redonda, robusta
Ojos: grandes, redondos
Cuerpo: fuerte, compacto, espalda corta, flancos hundidos
Cola: rumpy: ausencia de cola, hueco al final de la columna vertebral; rumpy riser: hueso sacro prolongado hacia arriba; stumpy: cola vestigial corta, de forma generalmente irregular y con una longitud máxima de 3 cm
Pelaje: corto, denso, pelusa abundante
Colores: todos los colores y dibujos están admitidos

Sin timón de dirección también funcionan.

Los gatos sin cola no tienen ninguna limitación de movimientos, y su sentido del equilibrio es correcto.

La familia oriental

Los Balineses sorprenden por el azul de sus ojos.

Además de los gatos Orientales de pelo corto y los gatos Siameses, la familia oriental también incluye a los Balineses y los Javaneses, integrando así la categoría IV de la FIFe. Las relaciones genéticas se aclaran rápidamente: los Javaneses, a los que algunas federaciones también conocen como Orientales de pelo largo o Mandarines, proceden del cruce de gatos Balineses y Orientales de pelo corto. Por lo tanto, son una variedad de pelo semilargo del Oriental de pelo corto, mientras que los Balineses se pueden considerar como Siameses de pelo semilargo. Los gatos Orientales de pelo corto son los parientes monocromáticos de los Siameses. Junto con los Persas, comparten la fama de ser los gatos exóticos más tradicionales de todos. A ellos se debe la existencia de muchas otras razas e innumerables variedades de color.

El mismo carácter

El carácter de todos los miembros de la familia oriental es muy similar: generalmente están de buen humor. A veces incluso se exceden y tienen demasiadas ganas de jugar y de pasarlo bien. Una vivienda normal les ofrece muchas posibilidades de dar rienda suelta a su temperamento felino. El juego salvaje puede prolongarse incluso sobre mesas y muebles. Cualquier objeto móvil se convierte automáticamente en un juguete.

Pero el comportamiento de estas bellezas de ojos misteriosos también tiene otras facetas: los gatos Orientales también saben ser muy silenciosos, comprensivos y cariñosos. Se los puede tener en el regazo durante horas y oír su suave ronroneo. A los gatos Orientales les gusta mucho mantener una buena relación con su dueño y lo siguen –siempre que puedan– a todas partes. Observan todo lo que hace.

Una personalidad muy marcada

Estos bonitos gatos son seres sociables y que necesitan tener compañía. De hecho, los gatos Orientales viven en grupos muy variopintos sin que tengan que producirse incidentes. Se sienten a gusto conviviendo con gatos domésticos sin pedigrí e incluso con perros que no ataquen a los gatos. Sin embargo, su estructura social se rige por unas reglas muy concretas. La regla número 1 dice: los Orientales tienen la sartén por el mango. El que no baile a su ritmo se enterará de lo que es bueno. En muchos aspectos, estos gatos son bastante más rápidos que los otros animales, por lo que no es de extrañar que en un abrir y cerrar de ojos se conviertan en jefes del grupo.

Hacia Inglaterra

Si hemos de creer lo que dice la bibliografía, los primeros Orientales debieron llegar a Inglaterra hacia 1850, e inmediatamente causaron furor en el Cat Fancy. Por lo visto, esta exótica importación rápidamente se manifestó en dos variantes: un pointed de ojos azules con un pelaje suave y el cuerpo de color claro que entonces recibió el nombre de «Royal Siam», y el «foreigner», un Oriental monocolor con ojos ambarinos que, según los expertos en gatos, podía haberse tratado de un gato Burmés. Mientras que el «Royal Siam» se hizo inmediatamente famoso por la es-

Los Siameses se crían en muchas variantes de color.

Balinés 78

Oriental de pelo largo (Javanés) 80

Oriental de pelo corto 82

Siamés 84

Los Orientales de pelo corto son de constitución esbelta.

pectacular coloración de sus points, durante los primeros años la variedad monocolor quedó prácticamente marginada. Quedó casi olvidada ante la creciente popularidad del Azul Ruso, del Balinés y del Británico de pelo corto, y nunca recibió la atención que se merecía. Los primeros estándares se definieron en 1902, pero parece ser que la cría selectiva de los Orientales no se inició hasta los años 50.

Mirada misteriosa

Los gatos Orientales de pelo corto saben ganarse a la gente de un mo-

do muy peculiar. Su inteligente mirada penetra la mente de la persona hasta el fondo, y en breves instantes el animal sabe si se trata de una persona afable y amiga de los gatos o si es alguien de quien más vale mantenerse alejado. Al cabo de pocos segundos, el gato se hace una imagen de la persona que tiene ante él y obra en consecuencia.

Los Orientales de pelo corto son unos maestros en el arte del asalto improvisado. Toman a su dueño total y absolutamente por sorpresa y, naturalmente, son ellos quienes deciden cuándo debe tener lugar una sesión de juegos y caricias. Si uno intenta desprenderse del gato antes de que éste haya saciado su ansia de juegos y mimos, el felino emprende todo tipo de acciones de protesta.

Todos los miembros de la familia de los Orientales son gatos que alcanzan la madurez muy pronto y que poseen un tono de voz bastante elevado.

Balinés

Tipo: oriental
Cabeza: de tamaño medio, bien equilibrada, triangular, de perfil recto, hocico fino, orejas grandes y puntiagudas
Ojos: medianamente grandes, ni prominentes ni hundidos, almendrados, ligeramente oblicuos; de color azul intenso
Cuerpo: alargado, esbelto, grácil, elegante, osamenta fina y musculatura fina
Cola: muy larga, delgada, puntiaguda
Pelaje: fino, sedoso; semilargo en el cuerpo y algo más largo en el vientre, en los hombros y en la cola
Colores: blanco, solid points y tabby points en varias coloraciones sólidas y tortuga (la CFA sólo admite cuatro: seal point, blue point, chocolate point y lilac point)

Tan grácil como las bailarinas balinesas.

Estos hermosos gatos no tienen nada que ver con la isla indonesa de Bali, pero su nombre debió surgir de un círculo inspirado en su cultura. El origen de este felino hay que ir a buscarlo en Estados Unidos, donde apareció hace unos 50-60 años. Desde el punto de vista de los criadores, los Balineses son Siameses de pelo largo. Por ese motivo, el Balinés tiene el mismo estándar que el Siamés –excepto por lo que respecta al pelaje–.
En las camadas de los siameses siempre habían aparecido ocasionalmente gatitos de pelo largo, pero nadie hablaba de ello. Después de todo, esos gatos no cumplían el estándar y no se presentaban en exposiciones. Sin embargo, con el paso del tiempo se empezó a apreciar su belleza.
«El garbo y la gracia de estos gatos me recuerda el de las bailarinas balinesas», pensó la neoyorquina Helen Smith, que es una de las pioneras en la cría de esta raza, y así propagó el que acabaría convirtiéndose en su nombre oficial. A esta veterana criadora de gatos Siameses le encantaban los gatitos de pelo largo que a veces aparecían en las camadas de

sus Siameses. No es que sintiese lástima por ellos, sino que se sentía maravillada, y luchó para conseguir el reconocimiento de esta atractiva variedad del Siamés.

Los pioneros

Helen Smith no se dedicó a soñar con la cría, sino que se puso a trabajar duramente en ello: participó en un programa de cría y consiguió que en 1961 se pudiesen mostrar ocho Balineses en una exposición celebrada en Estados Unidos. Siete años más tarde, sorprendió al maravillado público con 23 representantes de esta elegante raza felina. La CFA (*Ca'st Fanciers Association*) reconocería esa «nueva» raza en el mismo año (1970), con lo que los Balineses ya podían participar en concursos. Después de que los Balineses hicieran furor en Estados Unidos, en Europa también surgió interés por esas bellezas de pelo semilargo. La raza fue reconocida por la FIFe en 1983, con lo que pareció tener el camino despejado para la cría y para las exposiciones. Pero los que habían soñado con que los Balineses tendrían un gran éxito quedaron decepcionados. En toda Europa solamente hubo un puñado de criadores que se interesaron por esta raza, y hasta hoy las cosas no han cambiado mucho. El Balinés sigue siendo una de las razas de gatos más escasas y no disfruta, ni de lejos, de una popularidad tan grande como las demás.

Balineses y compañía

Los Balineses son sociables y amistosos. Necesitan compañía, de cualquier tipo. La persona que se pase el día fuera de casa y desee tener un gato de esta raza, de ningún modo deberá tener un solo ejemplar. A este gato tan vivaz no le gusta nada estar solo. A la larga se volvería triste y depresivo. La presencia de otros gatos puede sentarle bien, pero lo mejor es que su dueño pueda ocuparse mucho de él.

Madurez y tono de voz

Los Balineses son unos de los gatos que antes alcanzan la madurez sexual. En cuanto a las hembras, no es raro que tengan el primer celo a la tierna edad de seis meses, y los machos también maduran muy pronto. Y éste es el momento en que el desprevenido poseedor de Balineses se entera de lo potente que puede ser la voz de sus gatos.

Si se compara el aspecto de los Balineses «modernos» con el de los primeros ejemplares que se criaron se nota una importante diferencia: todo su genotipo se ha modificado para ganar en perfección y expresividad. Los periódicos cruzamientos con Siameses han permitido que actualmente podamos disfrutar de Balineses de pelo semilargo y características muy definidas. Este estupendo resultado es la recompensa a la labor realizada durante décadas por un grupo relativamente pequeño de apasionados criadores.

Oriental de pelo largo (Javanés)

Tipo: oriental
Cabeza: tamaño medio, equilibrada, triangular
Ojos: medianos, almendrados, ligeramente oblicuos, de color verde luminoso
Cuerpo: alargado, esbelto, musculoso, grácil, elegante
Cola: muy larga, delgada, puntiaguda
Pelaje: fino, sedoso; semilargo en el cuerpo, algo más largo en la gorguera, paletillas y cola; sin pelusa lanosa
Colores: unicolores, tortuga, smoke, tabby, silver tabby, van, arlequín, bicolores, bicolores smoke, bicolores tabby, bicolores silver tabby

En el capítulo anterior ya hemos visto que los gatos Balineses no tienen nada que ver con la isla de Bali. Pues ahora sabremos que los Javaneses, que también pertenecen al grupo de los gatos orientales, tampoco proceden de la isla de Java. Ese romántico nombre no es más que una ilusión; parece ser que surgió –como no podía ser de otro modo– de la imaginación de un criador inglés y de cómo éste soñaba que sería un gato de esa exótica procedencia.

¿Cuál es la aparentemente compleja relación que existe entre los Balineses, los Javaneses (Orientales de pelo largo) y los demás miembros de la familia oriental? El parentesco genético es muy sencillo: el Javanés, denominado también Mandarín u Oriental de pelo largo por algunos criadores, procede del cruce de Balinés y Oriental de pelo corto. Por lo tanto, es una variedad de pelo semilargo del Oriental de pelo corto, mientras que el Balinés no es más que un Siamés de pelo se-milargo. Tiene reconocimiento como raza felina para la FIFe, pero en cambio la CFA considera que se trata de un Balinés distinto de los cuatro colores reconocidos.

Pelaje atractivo

El Javanés no sólo tiene unos expresivos ojos verdes, sino que también luce un precioso pelaje fino y sedoso. El pelo que cubre su cuerpo es semilargo; pero el de la gorguera, paletillas y la cola, que en el caso ideal debería ser como un plumero, es un poco más largo.

Al igual que el Balinés, el Javanés carece de pelusa lanosa.

Aquéllos a los que les dé pereza trabajar a diario con el peine y el cepillo podrán respirar tranquilos: el Javanés es un gato fácil de cuidar y no cuesta mucho conseguir que mantenga su espléndida belleza. Para que conserve un aspecto cuidado basta con cepillarlo y peinarlo de vez en cuando. Un entorno cuidado, una alimentación saludable, ejercicio físico, y todo aquello que contribuya a su bienestar también servirá para potenciar su salud y, por lo tanto, para mejorar el atractivo de su elegante pelaje.

Oriental de pelo corto, con el pelaje semilargo

Por su aspecto externo, el Javanés no es más que un Oriental de pelo corto con el pelo semilargo. Por este motivo, su estándar es el mismo que para el Oriental de pelo corto, excepto por lo que hace referencia a la longitud del pelaje, naturalmente.

El Javanés es un gato de tamaño medio, esbelto, y que transmite una sensación de elegancia. Las líneas de su cuerpo son suaves y definidas; se aprecia mucho que marque su musculatura. Pero, a pesar de sus músculos, el cuerpo es grácil y elegante. Los hombros nunca deberán ser más anchos que las caderas. Su cola es muy larga y delgada, no se ensancha en la base y acaba en punta.

Cabeza característica

Su cabeza es de tamaño mediano, su perfil ha de cumplir el estándar de la raza, se apoya en un cuello largo y delgado, y ha de guardar una buena proporción con respecto al cuerpo. Tiene forma triangular y presenta líneas rectas. La cuña es muy visible, empieza en al nariz y se ensancha por los lados en línea recta hasta las orejas. No se acepta el llamado «whisker break». El cráneo del Javanés, visto de perfil, es ligeramente convexo. Su larga y recta nariz prolonga la línea sin depresión nasofrontal. Un hocico fino y un mentón mediano acaban de redondear el típico aspecto de su cabeza. La punta mentón forma una línea vertical con la punta de la nariz.

Las grandes y puntiagudas orejas del Javanés constituyen una de sus características más apreciables. Tiene la base ancha y prolongan la línea de la cuña de la cabeza. Sus ojos son de tamaño medio y no deberán estar ni demasiado hundidos ni demasiado prominentes. Son de forma almendrados y están en una posición ligeramente oblicua con respecto a la nariz. Así se destaca la armonía con las líneas de la cuña. El Javanés tiene unos ojos verdes preciosos. Lo ideal es que el color sea claro, luminoso e intenso.

Oriental de pelo corto

Tipo: elegante, con una
orejas muy grandes
Cabeza: de tamaño
medio, triangular, bien
proporcionada, perfil
recto sin stop, hocico fino,
nariz larga y recta
Ojos: medianos,
no muy prominentes,
almendrados, oblicuos,
de color verde
Cuerpo: mediano,
alargado, esbelto,
musculoso, fino y
elegante
Cola: larga incluso en la
base, terminada en punta
Pelaje: corto, fino,
brillante, denso, pegado
al cuerpo
Colores: unicolor en
varios colores (blanco,
negro, azul, chocolate,
lila, rojo, crema, canela,
fawn), tortuga, smoke,
tabby, silver tabby, van,
arlequín, bicolores,
bicolores smoke,
bicolores tabby,
bicolores silver tabby

**Un adorable mimoso con
orejas de murciélago.**

¿En su casa mandan los Orientales de pelo corto? Entonces seguro que ya conoce su carácter único y la sorprendente forma en que estos cazarratones suelen aparecer por sorpresa. ¿Por qué sorprendente? Bueno, cuando uno está acostumbrado a la opulencia y majestuosidad de un gato Bosque de Noruega tiene que mirar dos veces cuando se ve rodeado por esas delicadas siluetas que no hacen absolutamente ningún ruido al caminar y se aproximan con el máximo sigilo.

Si todavía no ha tenido la oportunidad de vivir a estas bellezas orientales en directo, debería hacerlo lo antes posible. Vivir de cerca esa mezcla de ligereza y de noble elegancia es una experiencia realmente extraordinaria. Los gatos Orientales de pelo corto pueden verse a veces en las exposiciones, pero nunca en forma de una representación numerosa. Estos inteligentes y sigilosos felinos de grandes orejas no son un producto de masas sino una rareza gatuna que cuenta con un reducido grupo de seguidores.

Un aplomo a toda prueba

Al igual que sucede con los gatos Siameses, la mayoría de los gatos Orientales de pelo corto sorprenden por su aplomo: jamás tienen complejo de inferioridad o problemas similares. Cuando uno se acerca a ellos –y en función de la forma en que manifiesten su carácter oriental– le corresponderán con una cordial bienvenida, con mimos y caricias, o con un estricto comportamiento territorial. Si alguien les cae mal, tiene las de perder. Lo castigarán no haciéndole ni caso. Pero si existe «química» entre la persona y el gato, el hielo se fundirá rápidamente. En cuanto el gato nos tome confianza, nos frotará la mano con su cabecita y empezará a ronronear pidiendo mimos y caricias.

Unicolor y muy hermoso

El gato Oriental de pelo corto es el pariente unicolor del gato Siamés, y pertenece oficialmente a la muy variada familia de los gatos Orientales. Junto con los Persas, comparte la fama de ser la más tradicional de las razas exóticas. A ellas debemos agradecer la existencia de muchas otras razas e innumerables variantes de color. Parece ser que durante la Edad Media y el Renacimiento los Orientales estaban distribuidos principalmente por Tailandia, mientras que en Europa eran totalmente desconocidos. Probablemente debió ser algún viajero de aquella época el que se fijó por primera vez en el que sería el antepasado de nuestros actuales gatos Orientales de pelo corto y decidió traérselo a Europa, pero no disponemos de relatos que lo demuestren. Sin embargo, sabemos que en Tailandia estas esbeltas bellezas habían alcanzado el estatus de gato nacional y eran muy apreciadas entre la nobleza.

Una gran personalidad

El gato Oriental de pelo corto tiene una voz potente y que a veces puede resultar un poco excesiva. Como sucede con la mayoría de las demás razas de gatos orientales, los gatitos Orientales de pelo corto ya muestran su potencia vocal desde la más tierna infancia y recurren a ella para expresar sus necesidades.

Por lo tanto, acostúmbrese desde el primer momento a compartir su casa con un contertuliano que le seguirá los pasos pegado a sus talones y que siempre tendrá muchas cosas que explicarle. Lo que generalmente

se podría incluir entre «características agradables», cuando una gata Oriental entra en celo puede llegar a convertirse en un drama capaz de poner a cualquiera de los nervios. Una belleza oriental sedienta de amor que grite desesperadamente a todas horas del día y de la noche puede convertirse en una tortura para los oídos. Confiemos en que su casa cuente con un buen aislamiento acústico y que usted tenga una provisión de tapones para los oídos.

Siamés

Tipo: elegante
Cabeza: de tamaño
medio, triangular, bien
proporcionada, cráneo de
perfil ligeramente
convexo, hocico fino,
nariz larga y recta sin
depresión nasofrontal;
orejas grandes,
puntiagudas y separadas
Ojos: medianos,
almendrados,
ligeramente oblicuos;
de un color azul luminoso
y profundo
Cuerpo: mediano,
alargado, esbelto,
elegante, osamenta fina
y musculatura firme
Cola: larga, estrecha en la
base, se afina hacia la
punta
Pelaje: corto, fino,
sedoso, liso, apretado,
pelusa prácticamente
inexistente
Colores: capa
pigmentada en las partes
distales del cuerpo
(points): cara (máscara),
orejas, patas y cola;
el resto del cuerpo es más
claro. Variantes: blanco;
solid points o tabby
points en los colores
seal (negro), azul,
chocolate, lila, rojo,
crema, canela, fawn,
tortuga negro, tortuga
azul, tortuga chocolate,
tortuga lila, tortuga
canela, tortuga fawn

**Un gato con una gran
personalidad.**

Alrededor de la historia del gato Siamés abundan las historias y leyendas, lo cual hace que este misterioso animal nos resulte aún más interesante. Existen curiosos relatos que explican por qué antiguamente abundaban los Siameses con la cola doblada.

Se cuenta que las princesas del reino de Siam se sacaban sus valiosos anillos antes de tomar un baño y los colocaban en la cola de sus gatos para luego encontrar fácilmente sus valiosas joyas después del aseo corporal. El doblez en la cola del gato servía para que las joyas no se cayeran.

Otra leyenda explica que la pareja de gatos Chula y Tien estaba encargada de la custodia de la copa de oro de Buda. Un día, el gato Tien decidió marcharse de allí dejando sola a la gata Chula. La esbelta siamesa, que en aquellos momentos estaba en estado, se mostró muy responsable y continuó vigilando la copa, rodeándola con su larga cola para que nadie pudiese robársela por sorpresa. Cuando sus gatitos vinieron al mundo se comprobó que la tarea de su madre había tenido consecuencias: los pequeñines eran bizcos y tenían la cola doblada.

Energía y alegría vital

En las camadas de los buenos criadores, los ojos bizcos y las colas dobladas son ya cosa del pasado. Hace tiempo que han conseguido una belleza inmaculada y dotada de un excelente carácter que es muy apreciado por muchos aficionados a los gatos.

Con un gato Siamés es imposible estar solo. Generalmente, estos esbeltos felinos aprecian mucho la compañía de su dueño y se mantienen principalmente en la misma habitación en que éste se encuentre.

Su sociabilidad va acompañada de una gran facilidad de comunicación: los maullidos de alegría en voz alta forman parte del repertorio cotidiano de los Siameses. Sin embargo, una gata en celo puede poner a prueba los nervios de cualquiera. A los gatos Siameses les encanta trepar y saltar. Estos activos y esbeltos atletas exhiben su agilidad por toda la casa y no pasan por alto ninguna oportunidad para trepar.

Una belleza incomparable

El aspecto extremo de los Siameses sigue alimentando controversias: para unos es el gato más hermoso del mundo, pero otros consideran que su forma excesivamente esbelta, su cabeza triangular y sus grandes orejas lo convierten en un gato terriblemente feo.

Pero esta situación no es nueva para los criadores. Desde su primera aparición en Europa (acaecida aproximadamente en 1871) el aspecto de este elegante gato con máscara provocó una división de opiniones entre los aficionados. Se generaron vivas controversias sobre esta peculiar raza a la que algunos llamaban «gato de pesadilla con cara de marta», y que otros no dudaban en definir como «una elegante belleza procedente de la lejana Tailandia». Esta rivalidad de opiniones entre los amigos de los gatos se ha mantenido hasta la actualidad.

Raíces tailandesas

En la Biblioteca Nacional de Tailandia, en Bangkok, encontramos uno de los primeros documentos que pueden ser considerados como la descripción de un gato Siamés. Al parecer se trata del libro de gatos más antiguo que existe, un valioso manuscrito de la ciudad de Ayudha, antigua capital de Siam, que fue escrito entre los años 1350 y 1767. En un capítulo del libro encontramos la descripción de un gato de color claro con zonas oscuras en la cola, las patas y las orejas. ¿Se trata realmente de la primera descripción de un Siamés, o es que el antiguo manuscrito, en el que el gato en cuestión recibe el nombre de Vichien Mas, solamente hace que confundirnos?

Todo parece indicar que los gatos procedentes de la actual Tailandia hacía mucho tiempo que se veneraban como gatos de los templos y que gozaban de gran aprecio por parte de los criadores de la nobleza. El nombre de «Diamantes de la Luna» que aparece en muchos escritos antiguos ya nos da la idea de que eran considerados como algo muy especial. Según todos los indicios, esta raza era bastante escasa en Siam –Tailandia– y solamente la poseían las familias bien situadas.

El Highland Fold (izquierda) y el Highland Straight son unas razas muy raras.

Mientras que la Federación Felina Internacional (FIFe) se muestra muy conservadora a la hora de reconocer nuevas razas, la World Cat Federation (WCF) está más abierta a la experimentación. Esta federación, con sede en Alemania, reconoce muchas razas que cada vez son más apreciadas y que, por lo tanto, no podían faltar en este libro.

Británicos de orejas curvadas y pelo largo

Empezaremos por el Highland y el Scottish Fold, cuya cría es bastante complicada y requiere mucha experiencia. Naturalmente, las orejas plegadas no son un detalle que le guste a todo el mundo por igual. Pero lo que sí es cierto es que estas razas tienen un carácter adorable. Mientras el Highland Fold pertenece al segundo grupo (gatos de pelo semilargo) de la WCF, el Scottish Fold se incluye en el tercer grupo (gatos de pelo corto-1). Al grupo de pelo semilargo también pertenece el Nebelung, que en algu-

nas federaciones se conoce también como Highlander, Lowlander o Britannica. En sentido estricto, se trata de gatos Británicos de pelo corto con el pelo largo, aunque parezca paradójico. Su largo pelaje lo deben al cruzamiento con gatos Persas. Pero los gatos Nebelung no requieren tantos cuidados como sus parientes de nariz chata.

Estrellas de pelo corto

¿Y qué nos ofrece el grupo de pelo corto de la WCF? Mucho. Por ejemplo los alegres Anatoli, cuyo reconocimiento oficial ha tenido lugar hace poco. Desde entonces, estos hábiles cazarratones turcos gozan cada vez de más popularidad. Sin embargo el gato Bombay, que también pertenece al grupo de pelo corto de la WCF, está en claro retroceso. Estas mini-panteras de color negro intenso con ojos cobrizos casi han desaparecido de Europa. En Estados Unidos aún quedan algunos criadores, pero es dudoso que eso sea suficiente para conservar la raza del Bombay.

También es sumamente escaso el Kanaani, cuyo origen se sitúa en Israel. Reconocida oficialmente por la WCF desde el año 2000, esta raza ha sufrido muchos altibajos. Mientras tanto se ha conseguido criar un gato de tipo salvaje pero doméstico. Los Kanaani son sumamente inteligentes y hábiles.

¿Que a usted no le gustan los gatos salvajes y prefiere los gatos mimosos y rizados? Entonces es posible que el gato Selkirk Rex sea el ideal para usted. La WCF añadió esta raza de pelo largo o corto al grupo de los gatos Rex (German Rex, Cornish Rex, Devon Rex). Por el momento se permiten mejorar la raza con cruzamientos de Persa, Exótico de pelo corto y Británico de pelo corto. Pero

Scottish y Highland Fold 88

Nebelung 90

Anatoli 92

Bombay 94

Kanaani 96

Selkirk Rex 98

Thai 100

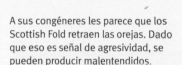

Ceilán 102

esto se acabará pronto y entonces los Selkirk se las tendrán que apañar solos.

Grupo 4: gatos de pelo corto-2

Al contrario que la FIFe, la WCF establece una segunda categoría de gatos de pelo corto en el que incluye el Bobtail del Mekong, el Oriental de pelo corto, los gatos Peterbald, el Siamés, el Tonkinés, y los gatos Thai. Estos últimos los describiremos en las siguientes páginas: los gatos Thai no solamente son muy hermosos sino también muy dóciles y sociables. Por esto no resulta extraño que su popularidad en Europa no haga más que crecer.

El Bobtail del Mekong, los gatos Peterbald y el Tonkinés los encontrará en el resumen final –son muy raros–. El Siamés y el Oriental de pelo corto también están reconocidos por la FIFe. Por este motivo los describimos en la primera parte de este libro.

A sus congéneres les parece que los Scottish Fold retraen las orejas. Dado que eso es señal de agresividad, se pueden producir malentendidos.

OTRAS RAZAS WCF
York 104
Asian 104
Australian Mist 104
Brasileño de pelo corto 104
Don Sphynx 104
Celta de pelo corto 105
Singapura 105
Peterbald 105
Tonquinés 105

Scottish y Highland Fold

Tipo: armonioso
Cabeza: redondeada, almohadillas de los bigotes bien redondas, orejas pequeñas y plegadas hacia delante
Ojos: muy abiertos, grandes, redondos, expresión cariñosa, color acorde con el pelaje
Cuerpo: mediano, redondeado, uniforme, huesos bastante robustos
Cola: de longitud media a larga
Pelaje: Scottish Fold: denso, grueso, afelpado, corto; Highland Fold: semilargo, suave, textura viva, con gorguera y bombachos
Colores: como el Persa

Los gatos ideales para los que aprecien las orejas plegadas.

El que un gato con las orejas plegadas o curvadas parezca encantador o espantoso es solamente una cuestión de gustos. Los aficionados a estos animales con cara de búho ya están acostumbrados a este tipo de discusiones. Desde que existen gatos con las orejas plegadas existe una rivalidad entre los que defienden la raza y los que la atacan: los unos aprecian su aspecto extraño, mientras que los otros opinan que las orejas plegadas les dan un aspecto anormal y sospechan que detrás de ese fenómeno pueda haber un defecto genético peligroso.

No cabe duda de que el fenómeno de las orejas plegadas se debe a una mutación, pero esto naturalmente no tiene por qué perjudicar en absoluto la salud del animal. Algunas mutaciones producen alteraciones que pueden afectar la salud y la esperanza de vida de un ser vivo, y otras producen simplemente un cambio en su aspecto externo sin ninguna consecuencia negativa.

Naturalmente, las mutaciones también desempeñan un papel muy importante en la cría. El portador de un determinado carácter puede transmitir la mutación o la posibilidad de desarrollarla. El cruzamiento de dos portadores del carácter suele presentar algunos problemas, por lo que para tener éxito con la cría es necesario ser responsable y disponer de buenos conocimientos de genética. Por lo tanto, los Scottish y Highland Fold no son razas para principiantes con ganas de experimentar ni para aventureros de la genética.

Tipo armonioso

El Scottish Fold, cuyo origen se remonta a los gatos de las granjas de Escocia, ofrece una imagen armoniosa. Su cabeza bien redondeada y su corto cuello se complementan con un mentón firme, una mandíbula bien formada y unos gruesos carrillos. Los machos pueden tener los carrillos colgantes. Las almohadillas de los bigotes están bien redondeadas.

Sus grandes, redondos, y abiertos ojos le dan un aspecto adorable y están bien separados por la nariz. El color de los ojos ha de combinar bien con el del pelaje. Su nariz es corta y describe una ligera curva.

Las orejas –el carácter más destacado de la raza– están plegadas hacia delante. El estándar defiende las orejas pequeñas y con pliegue cerrado (algunos gatos también tienen orejas grandes y con el pliegue muy suelto). Las orejas más características son las que se doblan como una gorra y resaltan la redondez del cráneo.

A pesar de que su cuerpo es de talla mediana y tiene unos huesos bastante robustos, desde las paletillas hasta la grupa parece bastante redondeado y uniforme. Las patas cortas, gruesas o deformes, que probablemente limitarían mucho sus movimientos, se consideran un defecto grave.

La puntiaguda cola del Scottish Fold deberá ser de longitud media o larga, y guardará proporción con el cuerpo. Su movilidad es un criterio importante.

El pelaje ideal es afelpado, de mediana longitud y con una textura viva. Nunca deberá estar pegado al cuerpo, sino que será denso y ligeramente separado. La textura del pelo se juzgará en función del color y de la época del año. Los colores del Scottish Fold pueden ser todos los del Persa con el correspondiente color de ojos. En esta raza también se reconoce el dibujo del Siamés, chocolate, lavanda y combinaciones entre estos colores.

Highland Fold

El Highland Fold es la variante de pelo semilargo del Scottish Fold. La textura de su pelaje semilargo es suave y viva, sobresale del cuerpo. Los ejemplares más ajustados al

estándar presentan una bonita gorguera y bombachos. El Highland Fold no fue reconocido en Alemania hasta 1987, cuando nació la gata «Bambina» de pelo semilargo y orejas curvadas a partir del apareamiento de dos gatos de pelo corto. Le siguieron cruzamientos con Británicos de pelo corto, para proporcionar pelo largo, y con gatos Persas.

Los Scottish y Highland Fold también existen en la variedad Straight, con las orejas completamente normales.

Nebelung

Tipo: compacto
Cabeza: redonda, maciza, cráneo ancho
Ojos: grandes, redondos, muy abiertos, bien separados
Cuerpo: musculoso, tórax y hombros anchos; espalda fuerte y resistente
Cola: corta y gruesa, con la punta ligeramente redondeada
Pelaje: semilargo, recto, denso, parte de la cabeza, no largo ni fluido, preferiblemente con gorguera y bombachos; textura esponjosa, densa, con aspecto protector; la textura puede variar en los colores que no sean el azul
Colores: unicolores: blanco, negro, azul, chocolate, lila, rojo, crema; bicolores y tricolores; colourpoint; silver shaded; chinchilla con tipping rojo, azul o rojo-crema; smoke; golden shell; shaded en negro o azul; todos los dibujos tabby.

Por suerte, no es tan legendario como su nombre.

Detrás de muchos nombres de fantasía que llevan de cabeza a más de uno, no se ocultan más que gatos Británicos de pelo largo. Entre los sinónimos más comunes del Nebelung tenemos Lowlander, Highlander y Britannica; se emplean según las costumbres de cada federación o asociación.

Tanto si usted adquiere un Lowlander, un Highlander o un Britannica: en cualquier caso se encontrará con un animalito adorable y suave que le mirará con unos ojos redondos y expresivos y que después de olfatearle a fondo estará dispuesto a jugar con usted y dejarse mimar.

A pesar de que estos preciosos gatos que tanto invitan a que los acaricien gozan de una creciente popularidad en toda Europa, los Británicos de pelo largo no están reconocidos por todas las federaciones. La TICA y la CFA ya poseen un árbol genealógico para estos pequeños «monstruitos peludos», pero la 1. DEKZV y la DRU siguen sin reconocerlos oficialmente. En la 1. DEKZV los Lowlander y compañía se sitúan en un árbol genealógico en el que se indica «otros gatos de pelo largo», lo cual viene a ser un bloqueo para la cría. O sea: se acabó el sueño del Británico de pelo largo.

Cuando se estableció la cría del Británico de pelo corto, jugaron un importante papel los voluminosos Persas de denso pelaje. Los criadores ingleses se alegraron mucho de la mejora del pelaje debida a los genes del Persa e iniciaron una lucha –que aún sigue– contra el gen del pelo largo, deseado por unos y rechazado por otros, y contra el parcial empeoramiento de la raza. La existencia de estas bellezas de pelo largo se debe al cruzamiento de gatos Persas en las líneas de cría de los Británicos de pelo corto, lo cual solamente debería haber proporcionado muchos colores vistosos pero que, naturalmente, aportó también el gen del pelo largo.

Resultado: al cruzar dos Británicos de pelo corto también podían aparecer gatitos con el pelo largo. Lo que unos consideraban como indeseable, a otros les parecía hermoso.

Carácter

El carácter de estos gatos de pelo largo es la suma del aplomo y el temperamento de los Británicos de pelo corto, y la calma y tranquilidad del Persa. Pero se diferencian de éstos en un punto: afortunadamente, el pelaje del Lowlander no necesita tantos cuidados como el del Persa. Y eso, simplemente porque no posee una capa de lana tan densa.

Por lo que respecta a la necesidad de mimos, no hay diferencias: para un Highlander, un día en el que no hay sesión de mimos y caricias es un mal día. Necesita el contacto físico con su dueño, ronronear a gusto junto a él mientras lo cuida y lo acaricia. Y le da completamente igual si su abrelatas de dos piernas tiene ganas de jugar con él o si en esos momentos está cuidando del Golden Retriever de su vecino. Además, con un congénere también se puede jugar bien y pasar muy buenos ratos.

Cuidados

A la mayoría de los Británicos de pelo largo les gusta mucho que los acaricien o que los cepillen con un cepillo blando (una o dos veces a la semana). Pero no todos los gatos se sienten a gusto sobre el brazo o en el regazo. No hay que obligarlos a la fuerza porque eso podría influir muy negativamente en la relación entre el gato y su dueño. A la mayoría de estos felinos les encanta pasar gran parte del tiempo cerca de su dueño o en el lugar más cómodo que puedan encontrar. Incluso hay ejemplares que siguen a su dueño a todas partes y se empeñan en participar de todas las acciones de la vida cotidiana, incluso las más banales. En cuanto se aburren de este «deporte», se retiran a su rincón favorito y se ponen a descansar ronroneando de placer e irradiando una calma increíble que se transmite a todos los presentes.

Anatoli

En los últimos años, las razas de gatos turcos cada vez han ido ganando más popularidad. Casi todos los aficionados a los felinos conocen a los gatos Van Turcos, que le temen poco al agua, y a los hermosos gatos de Angora Turcos. Pero cuando se habla de los Anatolis, la mayoría de la gente se encoge de hombros. Y esto podría deberse a que se trata de una raza relativamente joven. Fue reconocida oficialmente el 6 de agosto de 2000, pero aún no por todas las federaciones de criadores de gatos de raza. También es bastante difícil averiguar algo acerca del precioso gato turco del lago Van. Aquí el Anadolu Kedisi (gato de Anatolia) tiene mucho que ofrecer.

Los conocedores de la raza afirman que –a pesar de su similitud con el gato Van– el Anatoli es realmente una raza aparte. No existe ningún dato sobre cruzamientos entre ambas razas, o así lo afirman por lo menos los pocos criadores que hay en Europa. Para la mayoría de los turcos, el Anatoli no es ni siquiera un gato de raza, ya que lo conocen como eficaz cazador de ratas y ratones callejero y que incluso es fácil de encontrar en los pueblos más apartados. Sin embargo, entre los gatos de los pueblos de Turquía se encuentran notables coincidencias fenotípicas. El siguiente paso consistió en documentar estas características y reunirlas en un estándar. Pero de ahí a su reconocimiento oficial faltaba todavía un buen trecho.

Luz verde para el Anatoli

Siguió un año de idas y venidas que culminó en la ciudad alemana de Essen, antigua metrópolis de la cuenca carbonífera: en el marco de la reunión general de la WCF (World Cat Federation) se encontraron los representantes de las federaciones de 19 países, y 18 de ellos respondieron con un «sí» a la pregunta de si el Anatoli debería ser considerado en el futuro como una raza. Solamente el representante italiano se abstuvo de contestar, lo cual no impidió que el resultado fuese positivo.

El estándar del Anatoli se equiparó al del Van Turco y se llegó a la conclusión de que los Anatoli y los Van podrían cruzarse si se consideraba que ello era necesario para la cría. La descendencia de estos cruzamientos se calificará de «variante». Y esta entrada en el árbol genealógico se incluirá bajo la rúbrica de «raza». Eso fue un gran avance: finalmente, a los criadores y amigos de la poco popular raza turca se les allanaba el camino hacia un futuro desarrollo. Pero la raza se sigue enfrentando a un grave problema: en Europa hay demasiados pocos criadores que se dediquen en serio a ella.

Los turcos festejaron mucho a su «oficioso» gato nacional: se organizaron exposiciones en la ciudad de Van en donde compitieron los mejores ejemplares. La universidad de Van estableció un programa de cría y le concedió un gran interés científico a esta belleza de Anatolia. En el zoológico de la ciudad turca siempre pueden verse gatos de la región de Van.

Primera federación

En Turquía creció mucho el interés por esta raza; pero, ¿y en el resto de Europa? Para buscar los orígenes del reconocimiento oficial de la raza hay que ir hasta la pequeña ciudad de Velbert en Nordrhein-Westfalen. La 1. ITAVC e.v. aportó estudios realizados durante años en los que se demostraba que el Anadolu Kedisi no sólo existe en blanco luminoso sino también en muchas otras atractivas

variantes de color. Por esto, para la federación quedaba fuera de dudas que el Anatoli era una raza de pleno derecho. En las exposiciones de la 1. ITAVC e.v. se podían admirar Anatolis antes de que éstos fuesen oficialmente reconocidos por la World Cat Federation. Los animales expuestos sorprendían por su uniformidad y alcanzaron buenas puntuaciones.

Juegos y mimos

Los Anatolis no sólo son muy cariñosos sino también muy sociables. Les encanta jugar. Conviene reservarse un rato cada día para jugar con ellos, de lo contrario por la noche tendremos a un gato rebosante de energía colgando del brazo con ganas de jugar. El hecho de mantener a varios gatos ayuda a que éstos puedan satisfacer mejor sus ansias de juegos y de caricias. El temperamento de estos gatos puede dejar a cualquiera sin aliento. ¿A usted le gusta la calma y le cansa la acción continuada? Entonces será mejor que se decida por una raza más tranquila y calmada que el Anatoli. Estos felinos del lago Van no dan tregua, vuelan a toda velocidad por la vida y disfrutan de cada segundo.

Bombay

Tipo: mediano
Cabeza: redondeada; rostro ancho con ojos bien separados; suave transición a un hocico ancho, redondeado y bien desarrollado
Ojos: redondos, bien separados
Cuerpo: mediano, musculoso, ni compacto ni largo
Cola: de longitud media, recta
Pelaje: corto, brillante, pegado al cuerpo, de textura satinada
Color: en los gatos adultos, el pelo ha de ser negro hasta la raíz: la nariz y las almohadillas de las patas han de ser negras

Pantera en miniatura con ojos cobrizos.

El gato Bombay lo tiene mal. En Europa no debe haber más de 20 ejemplares de pura raza, y parece ser que en todo el mundo no llegan a 100. Pero la mayoría de ellos no son reproductores, lo cual aún complica las cosas mucho más. Desde que falleció la gran dama de la cría del Bombay –la criadora alemana Hilde Frank– es necesario desarrollar verdaderas facultades detectivescas para poder averiguar algo acerca del destino de esos felinos con aspecto de pantera. Las camadas se han vuelto muy raras en todo el mundo.

Parece ser que existe una gran similitud entre el carácter del Bombay y el gato Burmés. Y no es raro que así sea, ya que la raza americana desciende del cruce entre un Burmés sable/marrón y un gato American Shorthair de color negro.

El Bombay vive igual de bien en un piso que en una casa en la que disfruten de acceso al jardín. Los aficionados a esta raza aprecian la calma y el equilibrio de este hermoso gato de color negro carbón, pero también saben que su aplomo hace que se puedan llevar mejor con un perro que con sus congéneres. Su carácter dominante puede cristalizar en constantes enfrentamientos, lo cual a la larga pone de los nervios a cualquiera.

Pequeñas bestias inteligentes

Se dice que el gato Bombay es un animal muy inteligente. Busca constantemente el contacto con su dueño, le gusta que lo acaricien, que lo cepillen suavemente y que jueguen con él. Muchos de ellos son capaces de aprender a hacer las más divertidas acrobacias: saltar del armario cuando reciba la orden, traer juguetes, o saltar a los brazos de su dueño cuando éste se lo pida. Para algunos Bombay esto es un juego de niños. Y es curioso que muchos sean capaces de aprender a caminar por la cuerda floja. Al contrario de muchas otras razas, que consideran una verdadera ofensa el llevar collar o correa y se defienden con todas sus fuerzas, los Bombay lo aceptan

con relativa facilidad. Les gusta salir a dar cortos paseos con su dueño. Y estos gatos negros también comparten otra característica con el Burmés: les gusta el calor y disfrutan deslizándose entre las mantas y los edredones de la cama.

Parlanchín

Puede que la voz del Bombay no sea del agrado de todo el mundo, pero tampoco es tan chillona como la del Siamés. Su parloteo es otra de las características de esta raza a las que su dueño tendrá que acostumbrarse tanto si le gusta como si no. Por lo visto algunos de estos gatos tienen una expresión vocal algo más moderada, pero son casos excepcionales.

Los Bombay son gatos que maduran rápidamente, y generalmente alcanzan la madurez sexual a la edad de seis a nueve meses. Ha habido machos a los que a la tierna edad de cinco meses ya se les podía felicitar por el nacimiento de su primera camada.

Pero el desarrollo corporal es algo más lento. El macho alcanza su má-ximo desarrollo a los dos años, y es entonces cuando podemos apreciar toda su belleza.

Cómo empezó todo

La historia del gato Bombay se inicia en los años 50 con «Bagheera», la pantera negra del «Libro de la Selva» de R. Kipling. Y, naturalmente, no empezó en Bombay sino en Estados Unidos. La «madre» de esta raza fue una criadora de Kentuky (ya fallecida) llamada Nikki Horner que soñaba con el famoso personaje de la novela y decidió convertir en realidad su sueño de una pantera en miniatura.

El deseo de crear una raza que guardase un gran parecido con una pantera negra hizo que la criadora norteamericana se pusiese a trabajar en ello sin descanso. Quería conseguir un gato cuya espléndida musculatura, elasticidad y elegancia de pudiesen comparar con las del gran felino negro. Y lo consiguió: la raza fue reconocida por la CFA (Cat Fanciers Association) en 1970.

Kannani

Tipo: grande
Cabeza: un amplio triángulo
Ojos: muy separados, ligeramente oblicuos, almendrados, no orientales, grandes, abiertos, verdes
Cuerpo: grande, esbelto, musculoso
Cola: muy larga y delgada, más robusta en la base, puntiaguda; tiene de color negro la punta y por lo menos tres anillos
Pelaje: corto, liso, poca pelusa lanuda, estructura recia
Color: fondo de color beige a canela con manchas de color seal, chocolate o canela que pueden ser más suaves a causa del ticking

Un gato de raza con aspecto de gato salvaje.

Según Doris Pollatschek, la iniciadora de la cría del Kanaani (ya fallecida): «El que ame a los gatos como yo, le guste observarlos con frecuencia y además viva en la Tierra de Canaán (actualmente, parte de Israel), descubrirá a estos felinos semisalvajes. En algunas zonas, cada vez más reducidas, viven unos gatos que a primera vista –y para los inexpertos también a la segunda– se parecen mucho al verdadero *Felis lybica*». Esta aficionada a los gatos describía con admiración el salvajismo y la capacidad de defensa de estos esbeltos animales de largas patas, grandes y separadas orejas, elástico cuello y larga cola. Doris Pollatschek recordaba que «Me encantaban esos esbeltos y pequeños cazadores que capturaban jerbos, lagartijas, escarabajos grandes y que también eran capaces de localizar los nidos más ocultos de las aves que nidifican en el suelo. ¡Tener en casa un animal así de primario!, vaya idea tan maravillosa y egoísta». Por aquel entonces era solamente un sueño. Hoy ya hace tiempo que se convirtió en realidad. La World Cat Federation (WCF) reconoció esa raza en agosto de 2000.

Todo empezó con Simmy

Retrocedamos a los inicios de la cría del Kanaani: Fue Simmy, uno de esos gatos semisalvajes, el que sentaría las bases de la posterior cría experimental. Cuando Doris Pollatschek recibió la visita de unos amigos israelíes, éstos inmediatamente se dieron cuenta de que Simmy era un híbrido –mitad gato doméstico, mitad gato salvaje–. Ése es un cruce relativamente frecuente en Israel. El cuerpo musculoso, la peculiar forma de los ojos o la cola extremadamente larga y delgada son unos caracteres simplemente inconfundibles, y lo mismo puede decirse de sus separadas orejas y de la forma triangular de su cabeza.

Nupcias orientales

¿Y cómo siguió con la cría? Dado que

para la criadora no era posible poder realizar un cruce con un gato salvaje, que es una especie protegida, optó por cruzar a su gato con una elegante gata Oriental. De hecho, la primera generación filial híbrida ya presentaba el cuerpo alargado y fuerte, pero la cabeza y la cola no se correspondían con las expectativas. «Y ante todo, no eran gatos que quisieran quedarse en casa. Esa generación se caracterizaba por un irrefrenable impulso hacia el exterior», explicaba Doris Pollatschek, que tuvo ocasión de observar cómo una gata enseñaba a sus gatitos de siete semanas a superar una valla de 3,50 m de altura sin hacerse daño.

Un gato salvaje manso

Después de ocho cruces no consanguíneos, Doris Pollatschek finalmente pudo sentirse orgullosa de sus animales y de sí misma: al cruzar Orientales manchados (ideales por la constitución de su cuerpo y el tamaño de sus orejas), Abisinios (excelente carácter, forma de la cabeza y las orejas, ticking) y Bengalíes (buena musculatura, capacidad para trepar y saltar, tamaño) consiguió un tipo de gato que se parecía sorprendentemente al *Felis lybica*.

Según el estándar de la WCF, el Kanaani es una raza cuya cría se basa en el gato salvaje (*Felis lybica*). Su aspecto ha de ser lo más parecido posible al del gato salvaje manchado (*Felis lybica*). Esta raza se caracteriza por sus movimientos de predador y su tremenda capacidad para saltar. Ha de tener aplomo y arrogancia, pero a este gato con aspecto de fiera también se le pide que sea manso y cariñoso.

Cruce con razas mansas

A Doris Pollatscheck le habría gustado más criar un verdadero gato salvaje, pero no tardó en darse cuenta de que esa idea era irrealizable. Después de todo, los Kanaani tenían que poder vivir en familia y no en una jaula al aire libre.

El cruzamiento de razas tranquilas se reveló como la única posibilidad para criar un gato doméstico con aspecto de salvaje. Después de muchos años de cría experimental con altibajos, Doris Pollatschek estaba segura de una cosa: «Al principio creía que sería posible domesticar fácilmente a los híbridos o a los verdaderos gatos salvajes. Pero eso sólo se consigue después de muchas generaciones, y yo no disponía de tanto tiempo como los antiguos egipcios».

Selkirk Rex

Tipo: gato grande, grueso y con el pelaje rizado
Cabeza: redondeada, maciza, cráneo ancho con fuerte mentón; nariz corta, ancha y recta
Ojos: grandes y redondos, bien separados; color: que combine con el del pelaje
Cuerpo: mediano a grande, musculoso, compacto; pecho y espalda fuertes
Cola: de longitud media, gruesa, con la punta redondeada
Pelaje: tupido, esponjoso, pelusa abundante, rizos muy acusados que cubren todo el cuerpo
Colores: se reconocen todos los colores y points

Simpático gato de pelo rizado.

Están totalmente cubiertos de divertidos rizos y son de carácter muy curioso. Los Selkirk Rex, una raza que sólo existe desde 1987, son unos excelentes gatos domésticos que se adaptan estupendamente a la vida en familia. Su extraordinario aspecto los predestina a personas que disfrutan con las rarezas. Los aficionados a esta raza describen a estos gatos rizados como cariñosos, poco complicados, inteligentes y fascinantes. ¿Qué más se puede pedir? ¿Un gato al que le guste mucho jugar? También eso nos lo ofrecen los «Kirkis», que es como llaman familiarmente a estos gatos en su país de origen, Estados Unidos. Para ellos, jugar es por lo menos tan importante como merodear de un lado a otro, trepar por todas partes y dar unos saltos escalofriantes. No les faltan ganas de explorar ni de hacer ejercicio. Sólo hay algo que no toleran: aburrirse. Por lo tanto, proporciónele un arañador bien firme y muchos juguetes.

Pureza

Dado que los «Kirkis» son una raza relativamente joven, se siguen permitiendo los cruzamientos. Para ampliar su diversidad genética se puede acudir a los Persas y al Británico de pelo corto, y según el estándar de la CFA también se permiten los Exóticos de pelo corto. Los gatos rizados nacidos antes del 1 de enero de 1998 no tienen que ocultar su parentesco con los American Shorthair. Sin embargo, a partir de 2010 solamente se admiten progenitores que sean Selkirk o Británico de pelo corto; a partir de 2015 los Selkirk tendrán que apañárselas ellos solos. Entonces se verá si esta raza realmente es viable.

El objetivo de todo esto es conseguir un cuerpo macizo y equilibrado que nos recuerde al Británico de pelo corto o al Persa. Los rizos han de seguir un cierto orden y cubrir un cuerpo redondeado y musculoso. Por lo menos, esa es la teoría. Pero, por el momento, la realidad es un poco distinta. Actualmente existen «Kirkis» con distintos tipos de pelaje: algu-

nos tienen el pelo fino, otros recio –también hay rizos largos o más cortos–. Naturalmente, el hermoso pelaje rizado necesita sus cuidados, ya que de lo contrario podría apelmazarse. A los ejemplares de pelo fino hay que cepillarlos a diario, los que tienen un pelo más grueso se contentan con cuidados semanales.

Originario del refugio

Los inicios de la cría son un poco turbulentos. Todo empezó en un refugio para animales americano en el que se recogen perros y gatos para ser sacrificados. Una pequeña gatita rizada llamó la atención de la directora del centro y consiguió salvarse de la inyección letal. «Miss de Pesto», que es el nombre que le pusieron a esa gatita de bigotes ondulados y pelaje rizado, fue a parar a manos de una criadora americana que –por pura curiosidad– decidió cruzarla con su gato persa. Tres de los seis gatitos que se obtuvieron de ese apareamiento tenían el pelo rizado y en la camada también había un gatito con

el pelo largo. La criadora no había visto nunca una combinación de rizos y pelo largo, por lo que decidió iniciar un programa de cría.

Los apareamientos retroactivos dieron un resultado muy triste: gran parte de los gatitos morían a las pocas semanas a causa de unas reacciones alérgicas que en los siguientes años seguirían perjudicando el trabajo pionero de los criadores. Pero no desistieron. Un artículo sobre el Selkirk aparecido en una revista francesa hizo que esa raza también pasase a ser conocida en Francia. Pronto se empezó a criar en ese país y así sucedió que los primeros Selkirk que llegaron a Alemania procediesen de Francia y no de Estados Unidos.

Desde 1995 también se crían gatos Selkirk en Alemania. Uno de los principales propósitos de la cría sigue siendo ampliar la diversidad genética de la raza, y si de esto solamente se ocupan criadores responsables, los problemas de las primeras épocas pronto quedarán en el pasado para siempre.

Thai

Tipo: mediano
Cabeza: redondeada,
de líneas poco acusadas,
tonalidad en las mejillas
y en la frente
Ojos: medianos, muy
separados, párpado
superior almendrado,
párpado inferior
redondeado
Cuerpo: tamaño medio,
musculatura fuerte
y bien desarrollada,
bien estructurado
Cola: proporcionada con
el cuerpo, más gruesa en
la base que en la punta
Pelaje: recio, liso
Colores: seal point, blue
point, chocolate point,
lilac point, red point,
tortie point, tabby point

**Así es como eran los
Siameses al principio.**

De algún modo, al observar los ojos de color azul profundo de un gato Thai nos sentimos trasladados a la cría de esta raza en los años 50. Este gato grande y de cabeza redondeada recuerda una forma primitiva del gato Siamés que poco tiene que ver con los ejemplares actuales de esta raza.

El cuerpo extraordinariamente esbelto, las largas patas y la delgada cola son características de un gato Siamés moderno. La forma de la cabeza difiere mucho de las máximas de la cría tradicional: la cabeza del Siamés es de tamaño medio y debería tener forma de cuña, empezando la cuña en la punta de la nariz y ensanchándose progresivamente hasta la punta de sus grandes orejas.

Los gatos Thai tienen una complexión más robusta, pero siguen teniendo un porte elegante y no macizo. Sus equilibradas y redondeadas proporciones y su potente musculatura le confieren un aspecto atlético. La forma redondeada de su cabeza es muy acusada y hace que en Estados Uni-

dos a los gatos Thai los llamen también «Appleheads». Pero también se los conoce como «Traditional Siamese» y «Classic Siamese».

Unos gatos esbeltos

A principios de los años 60 se produjo la primera división en el seno de la cría de los Siameses: cada vez había más jueces y criadores que favorecían a los gatos Siameses extremadamente delgados. Muchos aficionados al tipo antiguo se sintieron decepcionados y se retiraron de las exhibiciones. Sus animales no tenían ninguna probabilidad de éxito.

Esta tendencia duró casi 20 años, y en 1986 ya se podían volver a admirar siameses del tipo antiguo en las exposiciones de Estados Unidos. Este cambio se debió a la incansable labor de unos pocos criadores que no habían perdido la fe en el gato Siamés tradicional. La escisión de la cría moderna fue lenta y se prolongó durante los últimos tres decenios. Un reducido grupo de criadores, principalmente norteamericanos, opinaba que la forma cada vez más extrema

de los Siameses era algo cuestionable y se propuso iniciar la cría en el sentido opuesto. Los partidarios de la variedad tradicional del Siamés se orientaron por los ejemplares que habían sido premiados con los máximos honores en los años 50. La Traditional Cat Association (TCA) se fundó con la intención de evitar la extinción del gato Siamés tradicional.

Dado que solamente se podía contar con un número muy limitado de reproductores que correspondiesen al tipo ideal de los antiguos siameses, hubo que recurrir a lo que se conoce como programas Outcross: el cruzamiento con gatos europeos de pelo corto condujo a un cambio en el tipo Oriental esbelto. Por lo visto también se recurrió a gatos Tonkineses para recuperar el aspecto original del Siamés. Los norteamericanos realizaron una excelente labor de pioneros. Al cabo de poco tiempo presentaron gatos que eran casi idénticos al Siamés original.

A pesar de que los criadores trabajaban a toda marcha, el reconocimiento del gato Thai se hizo esperar: en 1990 el estándar americano también fue reconocido por la World Cat Federation. Actualmente, todas las federaciones afiliadas a la WCF reconocen ya al gato Thai.

Ronroneos

A los gatos Thai les gusta mucho la compañía humana. Su sutileza, su suave ronroneo y su temperamento les permiten llegar al corazón de cualquiera. Otras de las características que valoran los aficionados a esta raza son su inteligencia, su parloteo y su comportamiento cariñoso. También hay gatos Thai con ansias de protagonismo. Si se les presta poca atención se inventan cualquier cosa con tal de volver a convertirse en el centro de atención. Los gatos Thai son sociables: les gusta vivir con otros gatos y se llevan bien con otros animales domésticos. Con paciencia, cariño y algunas golosinas es posible obtener casi cualquier cosa de un gato Thai. Si a él le apetece, incluso es capaz de aprender algunos trucos.

Ceilán

Tipo: gato pequeño
Cabeza: redondeada, corta, ancha, mejillas muy marcadas, frente ligeramente chata
Ojos: grandes, bien separados, amarillos o verdes, líneas de «eye liner»
Cuerpo: pequeño o mediano
Cola: corta, fuerte, acaba en una punta redondeada
Pelaje: corto, fino, textura sedosa, pegado al cuerpo
Color: color de fondo uniforme, que varía de sable a golden según el ticking; los colores de ticking reconocidos son negro, azul, rojo, crema y azul crema

Un gato para gente tranquila a la que no le gusta el bullicio.

Los gatos Ceilán son unas extrañas y raras bellezas con un pelaje corto y sedoso que incita a acariciarlo. Estos hermosos gatos con un ticking negro proceden originalmente de Sri Lanka, la antigua Ceilán, y recuerdan –al menos por su pelaje– al Abisinio. También el Singapura, que aún no está reconocido como raza por todas las federaciones, parece tener un estrecho parentesco genético con el Ceilán, que no está reconocido por la FIFe.

En el gato Ceilán es fácil darse cuenta de que todo gira en torno a su ticking. Existe la variante Bentota, en cuyo cuerpo se ven las franjas del color de fondo, pero que en la cara, patas y cola dominan las bandas tabby. A veces también se añaden unos característicos anillos del cuello. Por otra parte, los gatos Ceilán con ticking negro y sin franjas se consideran como variedad Manila. Si el ticking se prolonga hasta la cola se trata del tipo Chaus. Otros de los colores reconocidos son rojo, azul y crema. Por el momento todavía no se han empleado para la cría gatos Ceilán con dibujo tabby total ya que se teme, y probablemente con razón, que con ellos se podrían perder algunas de las características de la raza.

Para conservar la pureza de esta maravillosa raza es importante abstenerse de realizar programas *Outcross*. Pero la decisión de no dejar que en la cría intervengan gatos de otras razas implica aumentar la importación de gatos desde Sri Lanka. Pero, por desgracia, no todos los gatos de ese país reúnen, ni de largo, las características ideales para un reproductor. Las deformaciones de la cola, por ejemplo, son uno de los defectos más extendidos. Por lo tanto, si hay que seguir con la raza habrá que recurrir a la reproducción selectiva.

Un gato pequeño

A pesar de que existan algunos ejemplares de tamaño medio, el Ceilán es un gato relativamente pequeño. Sus hombros y caderas están bien desarrollados, y su ancho pecho también contribuye a que este gato de Sri Lanka no parezca frágil a pesar de su pequeño tamaño.

Estos exóticos gatos tienen unas patas largas y delgadas, y les gusta mucho disponer de un árbol por el que puedan trepar a sus anchas. Se colocan en lo alto de un salto y se equilibran con su corta y fuerte cola, que acaba en una punta redondeada.

La cabeza del sensible e independiente Ceilán está marcada por sus prominentes mejillas. El suave perfil de este gato tan ligado a su dueño le proporciona un aspecto aun más tierno.

¿Pero qué sería del Ceilán sin esos ojos grandes y tan separados con los que puede mirar tan escépticamente a los extraños? Mientras que el párpado superior es de forma almendrada, el inferior tiene un contorno redondeado. Los ojos de este raro gato suelen ser de color amarillo luminoso o verde radiante.

Un pelaje sedoso

El pelaje liso y con una textura sedosa es uno de los criterios importantes del Ceilán. El color de fondo del Ceilán es uniforme en todas sus variantes. En el ticking existen variaciones que van del sable al golden. La falta del dibujo tabby en las patas, cola y vientre se considera un fallo grave. Esto también es válido para el blanco que se extiende por el mentón y el cuello.

Otras razas WCF

Muchas de las razas reconocidas por la World Cat Federation (WCF) se solapan con las de la FIFe. Pero la WCF reconoce más razas que la antigua FIFe. Además de las razas que hemos visto en los capítulos precedentes, existen muchas otras que ahora revisaremos brevemente.

York

Los York son unos gatos medianos, alargados, con una buena musculatura y una fuerte constitución ósea. Su pelaje es semilargo, lustroso y fino. El estándar de la WCF reconoce para esta raza únicamente los colo-

res chocolate y lila, así como la combinación de ambos con blanco. Los ojos son dorados, de color avellana, o verdes.

Asian

En esta raza de tamaño medio se aceptan todos los colores tabby. Tiene los ojos de color amarillo o ámbar. El pelaje del Asian es muy corto, fino y lustroso. Está muy pegado al cuerpo y casi carece de lana. La parte inferior del cuerpo es más clara que el resto. Es deseable que tenga un dibujo definido con unos points algo más oscuros.

Australian Mist

El pelaje de este gato de ojos verdes es corto, brillante y elástico. El estándar prescribe un denso y cálido tono rufus en nariz, mejillas y orejas. Los colores chocolate, lila, caramelo, canela y fawn no lucen con su máximo esplendor hasta los dos años. Como dibujos se prefieren el spotted o el marbled.

Brasileño de pelo corto

Los ojos grandes, elevados y muy separados son una de las principales características del gato brasileño de pelo corto. Su corto pelaje carece totalmente de lana y se caracteriza por tener una textura sedosa y un precioso brillo. En los gatos Brasileños de pelo corto se aceptan todos los colores a excepción de los points.

Don Sphynx

Como gatos desnudos, estos curiosos felinos tienen la piel elástica que puede estar recubierta por una ligera pelusa. Son deseables los pliegues cutáneos de la cabeza, cuello, patas y vientre. Ha de tener bigotes. Las patas han de tener unos dedos largos —los conocidos como «dedos de mono»—. En esta raza se permiten

El Tonkinés fascina por su suave colorido.

El Savannah Cat es una raza que pronto será reconocida como tal.

todos los colores, pues no todos los gatos presentan el color de piel adecuado.

Celta de pelo corto

Tras esta denominación no se oculta ni más ni menos que la raza felina a la que la FIFe reconoce como Europeo de pelo corto. No son deseables los cruzamientos con otras razas. El Celta de pelo corto corresponde a un gato europeo medio que se ha reproducido sin seguir unas reglas estrictas.

Singapura

Se trata de un gato pequeño pero de complexión compacta. Las orejas destacan tanto por su gran tamaño como por tener unos penachos de pelo en su interior. Los ojos son grandes y expresivos. Su color oscila entre el verde amarillento y el amarillo, pasando por el marrón avellana. Su pelaje corto y denso luce con el color sepia-agutí. El color de fondo es marfil con unas cálidas franjas de color marrón.

Peterbald

También aquí se trata de una raza desnuda, con una piel ligeramente móvil. Tiene muchos pliegues cutáneos en la cabeza, y menos en el cuerpo. Los gatos Peterbold no se deben cruzar con otros gatos Sphynx, pero están autorizados los cruzamientos con Siamés, Balinés, Oriental de pelo semilargo y Oriental de pelo corto.

Tonkinés

Híbrido de Siamés y Burmese, son un sueño para los que aprecian los colores suaves. La WCF reconoce los siguientes colores mink (visón): natural mink, champagne mink, blue mink, platinum mink y honey mink. El pelaje de todo el cuerpo se caracteriza por su peculiar brillo. La parte inferior del cuerpo es algo más clara que el resto. Se prefiere que no haya dibujos ni rayas. Se admiten points, pero han de ser uniformemente oscuros y deben mezclarse progresivamente con el resto del pelaje.

Vivir con gatos de raza

¿Cómo puedo encontrar a un criador serio?

La decisión está tomada: usted quiere comprar un gatito. Y se da por supuesto que va a ser un gato de raza, de buena procedencia. Además, el noble felino no sólo deberá ser de sangre azul sino que deberá gozar de una buena salud y no ser portador de bacterias, hongos o virus. ¿Pero dónde se puede encontrar a un criador responsable, que cuide bien a sus animales, que realice los apareamientos con profesionalidad y que otorgue a los gatos las condiciones de higiene, cariño y dedicación que necesitan? En España y en otros países existen diversas federaciones y asociaciones felinas a las que puede dirigirse el aficionado. Cuando no se tiene experiencia con los gatos es especialmente importante dirigirse a una que sea fiable. Allí le asesorarán correctamente y le pondrán en contacto con el criador que desee.

En algunas federaciones o asociaciones de criadores puede haber grupos especializados en una sola raza y que pueden darle valiosos consejos y sugerencias.

Exposiciones

Las exposiciones felinas también ofrecen una excelente oportunidad para entrar en contacto con criadores de gatos. Casi cada fin de semana se realizan exposiciones felinas en algún lugar del país. Podrá conseguir los calendarios en las revistas especializadas o preguntando en las federaciones.

En una exposición solamente es posible hacerse una idea muy superficial de las virtudes o defectos de cada criador, pero al menos se puede ver cuál parece simpático y accesible, y cuál no. El que dé una impresión positiva, si luego resulta ser un buen criador, reunirá las condiciones ideales para que acudamos a él en busca del gatito.

Cuando mamá gata se siente segura y confiada se lo da a entender al criador.

Estos gatitos tienen un aspecto saludable y emprendedor.

Una vez localizado un criador que cause una buena impresión y que críe la raza que estamos buscando, se intercambian direcciones y se acuerda una cita después de la exposición. Es importante visitar al criador en su casa para asegurarse de que cuida bien a los animales. También han de ser impecables los cuidados y el estado de salud de los gatos que viven en casa del criador. Confíe en la vieja regla de «¡ojos, nariz, orejas!». Si su instinto no le hace sonar la señal de alarma, será que está en el buen camino.

Pequeños anuncios

Otra forma de localizar a los criadores es repasando los pequeños anuncios de las revistas especializadas. Generalmente están ordenados por razas y es fácil encontrar lo que uno anda buscando.

El primer contacto suele ser telefónico, pero luego hay que verse en persona. Nunca hay que renunciar a visitar las instalaciones del criador, pues es la única forma de asegurarse de que los gatitos que ofrece no estén viviendo en unas condiciones horripilantes. Es aconsejable elegir al criador con precaución. Es la mejor manera de evitar disgustos, decepciones y enfados desde el primer momento.

Contrato de venta

El que vaya a comprar un gatito de raza a un criador serio, no finalizará la transacción sin firmar un contrato de compra. Suele ser el primer paso en la relación gato-persona, por muy poco romántico que sea. A pesar de toda la ilusión que hace adquirir un gatito, antes de firmar nada, conviene leer y comprender todo el contrato. En caso de que algo le parezca dudoso, no dude en enseñárselo a su abogado antes de estampar su firma en él.

Según los abogados, «no todos los contratos redactados por particulares cumplen con la ley. Si el criador no dispone de un impreso específico, como por ejemplo los que suministran las federaciones, es aconsejable que se lo deje leer a un profesional antes de firmarlo».

¿Escrito o de palabra?

Los contratos de venta han de realizarse por escrito. Los contratos verbales también pueden ser legales, pero resultan difíciles de demostrar. Si

Al comprar un gato contraemos una responsabilidad para 15 ó 20 años.

se realiza un acuerdo verbal es importante hacerlo ante testigos neutrales, es decir, personas que no estén relacionadas ni emparentadas con ninguna de las partes. Tampoco puede tener ninguna relación de dependencia con el comprador ni con el vendedor, es decir, se excluyen sus empleados.

Para evitar problemas lo mejor es que la compra del gatito vaya acompañada de un contrato de venta por escrito. El verbal puede llegar a ser una trampa.

¿Qué ha de constar en él?

Un contrato establece los derechos y las obligaciones de las partes firmantes. Para que en caso necesario sea válido también en un juicio, deberá contener los siguientes puntos:

➤ Nombre y dirección del vendedor
➤ Nombre y dirección del comprador
➤ Datos del animal adquirido (raza, color, sexo, número del libro de registro de crías, nombre)
➤ Precio de compra
➤ Fecha y firma del vendedor
➤ Fecha y firma del comprador

Cuando un gatito cambia de dueño suelen acordarse algunas cláusulas para proteger al animal. Muchos criadores establecen un derecho de recuperación y prohíben que el animal vuelva a ser vendido. Así se evita que el gatito vaya a parar a manos de un comerciante o a personas desconocidas. Muchas veces se especifican prohibiciones de cría, períodos de prueba y condiciones tales como «animal para aficionados, para criadores, o para exposiciones».

Garantía

Ante algunos tribunales puede pesar más la protección de los animales que las cláusulas de una garantía. Generalmente, en el contrato se especifica que en caso de defecto del animal (como, por ejemplo, una enfermedad), el vendedor deberá solucionarlo o efectuar un cambio. Pero si es necesario acudir de urgencia al veterinario, el comprador no tiene la obligación de dirigirse previamente al vendedor. Primero deberá otorgarle los cuidados veterinarios que precise, y luego le solicitará al vendedor que corra con los gastos. Pero esto solamente se aplicará en el caso de una enfermedad o anomalía grave que ya existiese en el momento de la compra. A pesar de la obligación de dar una garantía de dos años, ningún criador se hará cargo de las lesiones o enfermedades que pueda sufrir un gato después de la venta.

Contrato de protección

Los contratos de protección suelen firmarse cuando se adopta un gato en un refugio para animales o en una sociedad protectora. Aquí lo más importante es el bienestar del animal. Por esto, en el contrato de protección se observarán los siguientes puntos: mantenimiento correcto, alimentación adecuada, tratamientos veterinarios, cuidados. Generalmente, los refugios y sociedades protectoras también se reservan el derecho de comprobar las condiciones en las que vive el animal. Por lo demás, en el contrato se incluyen los mismos datos que en el de compraventa. Si está expedido por una entidad oficial no suele contener errores, pero en caso de duda siempre es mejor consultar a un abogado.

Mantenimiento del gato

Los gatos tienen unas necesidades muy concretas. Para poder satisfacérselas, antes de traer a casa al nuevo miembro de su familia deberá haber adquirido todo el material necesario.

Equipo básico

- ➤ Cubeta para gatos
- ➤ Arena para gatos y pala
- ➤ Alimento para gatos, seco y en lata
- ➤ Golosinas
- ➤ Hierba gatera
- ➤ Comedero y bebedero (irrompibles, no porosos, fáciles de lavar)

- ➤ Transportín (lo ideal es un transportín de plástico al que se le pueda quitar la parte superior)
- ➤ También es aconsejable comprar algún juguete para gatos (sin cantos afilados ni piezas pequeñas que se pueda tragar)
- ➤ Cepillos, peines (según las características del pelaje del gato)
- ➤ Rascador (estable y resistente)
- ➤ Una cama

Vacunas y desparasitación

Para prevenir posibles enfermedades es necesario vacunar y desparasitar periódicamente al gato. Generalmente se hace lo siguiente:

8ª y 12ª semanas: vacunas contra la leucemia y el moquillo del gato
A partir de la 12ª semana: vacuna antirrábica (si el gato sale libremente al exterior en una zona

Los juguetes también forman parte del equipo básico.

endémica, viaja al extranjero o participa en exposiciones)

A partir de la 16ª semana: vacuna PIF (solamente es posible para gatos que aún no hayan contraído la peritonitis infecciosa felina); al cabo de tres semanas se administra la segunda dosis

Durante toda la vida: renovación anual de las vacunas

Desparasitación: cuatro veces al año

Cuidado del pelaje e higiene

A pesar de que los gatos son animales muy limpios por naturaleza, no siempre les es posible cuidar a fondo su pelaje sin ayuda humana. El pelo extremadamente largo, como el del Persa, necesita muchos cuidados y el empleo de cepillos y peines especiales. Pero también hay que cuidar a los gatos de pelo semilargo y corto. Y entre estos cuidados se incluye la revisión de ojos, dientes, uñas y ano.

En las tiendas de animales se pueden adquirir todo tipo de utensilios especializados. Para los gatos de pelo largo y semilargo es mejor emplear cepillos con cerdas metálicas curvadas. Luego se acaba el trabajo con distintos tipos de peines. Los persas son una de las razas que exigen más cuidados y es necesario cepillarlos a diario; a los Bosque de Noruega basta con cepillarlos a fondo una vez a la semana. Los cepillos de cerdas naturales le dan al pelo un brillo soberbio.

Las razas de pelo corto y sedoso se cepillan bien con un cepillo de goma. Si el gato posee una densa capa inferior de lana es necesario emplear un cepillo metálico de púas romas y un peine de dientes romos para no dañarle la lana. A las razas que no tienen lana se les puede pasar un peine más fino.

Si usted tiene un gato Rex o de alguna raza similar, tenga en cuenta que su piel es muy delicada. Para cuidarles el pelo se emplea únicamente una almohadilla especial de goma o un cepillo suave para evitar irritaciones o incluso lesiones de la piel.

A los gatos les gusta dormir en lugares confortables.

Los gatos de pelo corto son más fáciles de cuidar.

Polvos y champú

Existen varios motivos por los que es necesario recurrir al empleo del champú y los polvos. Los gatos de pelo largo tienen tendencia a producir mucha grasa. Para evitar este desagradable fenó-

meno se emplean unos polvos especiales que se espolvorean principalmente detrás de las orejas, en las axilas, en la ingle y en la base de la cola.

Los gatos que participan en exposiciones suelen tener que bañarse con más frecuencia. Una vez que se acostumbran a ello, si no se exagera, no hay nada en contra del baño. Pero si su gato no es un profesional de las exposiciones será mejor que le ahorre esa tortura. Sin embargo, si se ensucia mucho el pelaje con pintura, aceite o productos similares, no habrá más remedio que bañarlo. Para el baño se emplea un champú especial para gatos. Mientras se seca al gato hay que mantenerlo en una habitación caliente y lejos de las corrientes de aire.

Ojos y orejas

Hay que controlar con frecuencia la suciedad de ojos y orejas. Su veterinario le indicará cuáles son los mejores productos para limpiar el pabellón auditivo y las comisuras de los ojos. Generalmente se moja un algodón con la solu-

Una alimentación equilibrada se refleja en el pelaje.

Los ojos y las orejas han de estar limpios.

ción y se limpia cuidadosamente la zona. Los palitos con algodón no son muy adecuados para ojos y orejas porque pueden causar alguna lesión.

Los gatos Persas necesitan un cuidado intenso.

Dentadura y ano

Al mirar la boca del gato nos haremos una idea del desgaste del esmalte de sus dientes, y de si existe alguna periodontitis. Si se localiza alguna anomalía que pueda corresponder a una enfermedad habrá que llevar el gato al veterinario.

Los gatos sanos tienen el ano limpio. Sin embargo, conviene controlar la región anal con frecuencia. Si presenta suciedad puede ser síntoma de enfermedad, diarrea, etc.

Cuidar bien al gato

Los gatos son animales limpios por naturaleza. Cada día dedican horas al cuidado de su pelaje y a dejarlo en perfectas condiciones. Mientras que los gatos de pelo corto en principio se bastan por sí solos, los de pelo largo y semilargo necesitan que los ayudemos. Los gatos Persas son un caso extremo. Si no se los peina a diario empiezan a aparecerles nudos y apelmazamientos.

Un cepillo de dientes infantil es ideal para el rostro.

Y a continuación pueden venir las lesiones cutáneas, los parásitos, y otras enfermedades.

Cuidados básicos

Por cuidados básicos entendemos todos aquéllos destinados a mantener la salud del gato y a cuidar su pelaje. Los propietarios de gatos Persas deberán hacer todo esto de forma rutinaria si quieren que sus gatos les proporcionen muchos años de satisfacciones. Los expositores se esmeran mucho en el cuidado de sus animales y les lavan el pelo varias veces antes de acudir a la feria de las vanidades. Pero los propietarios de gatos Persas menos ambiciosos solamente deberán recurrir a estos tratamientos intensivos en casos excepcionales.

Para los cuidados básicos se necesitan los siguientes utensilios:

➤ un cepillo de púas semiduras o con las puntas redondeadas
➤ un cepillo de púas finas
➤ un peine de dientes ancho
➤ un peine de dientes fino (para la cara)
➤ un peine antipulgas
➤ algodón (ojos)
➤ polvos (para la suciedad, etc.)

El cepillo de púas semiduras se emplea para eliminar los nudos del pelo largo y evitar que se vuelvan a formar. El cuidador deberá peinar a su gato con mucha precaución y deshacerle los nudos con suavidad. Muchas veces es preferible aflojar los nudos con los dedos antes de pasar el cepillo.

Las axilas y la región genital necesitan una atención especial, ya que en esas zonas suelen formarse apelmazamientos (axilas) o se acumula la suciedad (genitales). Si se localizan partículas de suciedad en el pelaje o en los genitales se las elimina cepillando con suavidad y luego se aplican polvos para bebé. Los polvos eliminan el olor e impiden que vuelva a fijarse la suciedad. Si la suciedad aún está húmeda, los polvos pueden ayudar a que se seque. Luego será más fácil eliminar las partículas con el peine. Primero se pasa el cepillo ancho y luego el más fino. La cola de los gatos Persas hay que cepillarla con mu-

A este gato Británico de pelo corto también le gusta que lo cepillen.

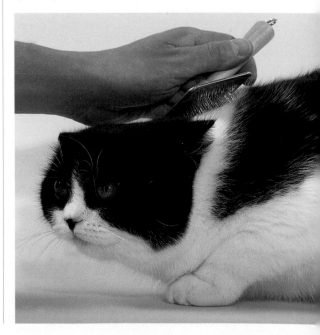

cho cuidado, ya que los pelos arrancados tardan mucho en volver a crecer.

Cuidado de la cara

La región facial del gato hay que cuidarla a diario porque ahí se acumulan secreción ocular y restos de comida que en poco tiempo pueden provocar desagradables cambios en el color del pelo.

Para limpiarle los ojos se emplea un algodón húmedo, no demasiado mojado, con el que se frota desde la base de la nariz hacia abajo pasando por encima del ojo. Así se eliminan costras y legañas. En caso necesario, en vez de agua se puede emplear una solución limpiadora recetada por el veterinario.

El algodón húmedo también resulta muy útil para limpiar la nariz y eliminar restos de comida cerca de la boca. Los profesionales humedecen ligeramente el pelo del rostro y aplican con los dedos un poco de polvo o de almidón de arroz. Si se lo deja actuar y luego se elimina todo con un cepillo de dientes suave, el pelo recupera su color normal de una forma muy natural.

Cuidado de las uñas

Los gatos tienen unas uñas muy afiladas y que pueden crecer mucho si no las desgastan naturalmente. A los gatos jóvenes que pueden salir al exterior y disponen de todo tipo de lugares para trepar y arañar generalmente no hace falta cuidarles las uñas. Pero la cosa cambia en los gatos viejos, enfermos o que hacen poco ejercicio. A continuación verá a qué tiene que prestar atención al cuidar las uñas de su gato.

Cortar las uñas de un gato es un asunto delicado. La mayoría de los veterinarios recomiendan –y no sin razón– dejar esa tarea en manos de profesionales, o sea, veterinarios. Cada uña del gato está recorrida por un fino nervio que es muy fácil dañar al cortarlas. Al gato le resultaría muy doloroso, ya que haría que en el futuro tuviera pánico cada vez que tocase cortar las uñas. Por lo tanto, si prefiere ir sobre seguro será mejor que deje que lo haga el veterinario.

Acostumbrarse

Tanto si va ser usted el que le corte las uñas al gato como si piensa llevarlo al veterinario, al principio tendrá que acostumbrar al animal progresivamente a ese procedimiento. De lo contrario, el cortar las uñas se convertirá en una batalla y la cosa se complicará mucho. Acostúmbrelo suavemente, con paciencia y sobre todo paso a paso.

Levantar la patita

Extienda una toalla sobre la mesa o sobre su regazo y coloque al gato encima. Acaricie al animal con cariño, rásquele suavemente en la nuca y vaya desplazando prudentemente la mano hacia una de sus extremidades anteriores. Si el gato se inquieta, háblele en voz baja. Intente levantarle la patita a la vez que con la otra mano le enseña una golosina. Durante los primeros intentos no le sujete la pata con mucha fuerza, vuelva a bajarla y gratifique al animal con una golosina. Cada vez que lo haga, aguántele la pata durante más rato.

Inspección de uñas

Cuando el gato ya se haya acostumbrado a que le sujete la pata durante un rato, pase a separarle suavemente los dedos. Coloque el pulgar sobre la parte superior de la pata, y el índice y el corazón bajo las almohadillas de la misma. Al ejercer una ligera presión se separarán un poco los dedos y podrá observar cada uña por separado. Recuerde que al principio deberá trabajar muy poco rato en la pata y que el tiempo de observación deberá ir prolongándose paulatinamente para que el gato no se sienta molesto. Naturalmente, siempre tendrá alguna golosina cerca para dársela a su felino después de cada sesión.

La tenacilla para uñas

Para cortar las uñas, lo mejor es emplear unas tenacillas especiales que venden en las tiendas de animales bien surtidas. También será necesario que el gato se acostumbre a este instrumento. Al principio, límitese a dejar la tenacilla en un lugar en el que el gato pueda verla mientras usted le observa las uñas. Deje que el gato la olfatee, y acarícielo mientras lo hace. Coloque la tenacilla cada vez más cerca del gato hasta que éste se acostumbre a su presencia y ya no le preste atención. Las golosinas también estarán

Para cortarle las uñas al gato hace falta técnica y paciencia.

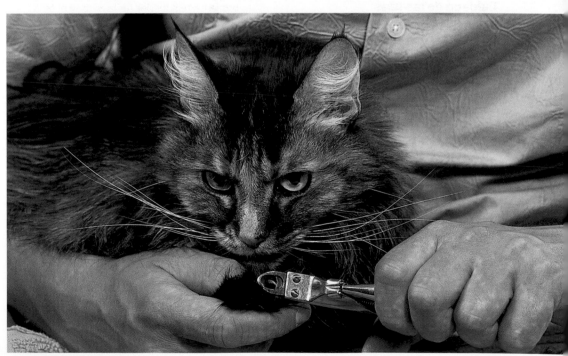

siempre presentes durante esta fase del entrenamiento.

Cortar

En la última fase del entrenamiento de adaptación interviene realmente la tenacilla, pero sin cortar. El gato tiene que acostumbrarse a que un objeto metálico le toque las uñas. Rodee una uña con la abertura de la tenacilla, vuelva a dejarla y gratifique a su felino con una golosina. Después de esta preparación, el cortar las uñas se convertirá en un juego y el animal no tendrá ningún motivo para tener miedo. Si realmente quiere cortarle usted las uñas, deberá ir con mucho cuidado porque el riesgo es bastante elevado. Es mejor que antes mire las uñas ante una fuente de luz (lámpara, linterna, etc.). Así verá claramente por dónde discurre el nervio y podrá cortar lejos de él.

Viajes en coche con el gato

El que tiene uno o varios gatos, generalmente, se ve obligado a llevarlos a veces en coche. Y esto empieza ya cuando hay que ir a recoger el gatito a casa del criador. También habrá que llevarlo en coche para ir al veterinario y cuando nos vayamos a la casa de vacaciones. A la mayoría de los gatos no les da ningún miedo ir en coche, pero es necesario acostumbrarlos desde su más tierna edad a este medio de locomoción tan extraño para ellos, de lo contrario es posible que el animal proteste enérgicamente durante todo el tiempo que dure el viaje. Algunos gatos se marean mucho en coche y reaccionan vomitando estrepitosamente o de otras formas insalubres y también intensamente olorosas. Pero éstos son casos aislados. Generalmente el transporte gatuno transcurre felizmente y sin incidencias.

Los gatos viajan más seguros en un transportín como éste.

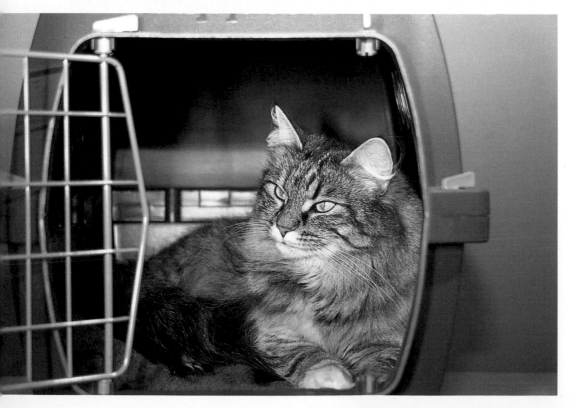

Seguridad

Cuando se viaja en coche llevando al gato hay que extremar las medidas de seguridad. No se le ocurra dejar al animal suelto por el habitáculo del vehículo. Lo que en un principio podría parecer sencillo puede acabar poniendo su vida en peligro: el gato suelto no sólo puede distraer al conductor y aumentar los riesgos de accidente, sino que incluso puede llegar a saltar sobre él o sobre el volante y arañarle con fuerza hasta hacerle perder el control del vehículo. Las consecuencias de esto son fáciles de imaginar.

Transportín de plástico

La mejor manera de llevar el gato en el coche cuando viajemos de un lugar a otro es alojándolo en un transportín de plástico con puertas de reja. Esos transportines no sólo son prácticos de manejar, sino que además se limpian con facilidad, lo cual es una gran ventaja con respecto a las camas de tela o de mimbre. Antes de salir de viaje, deberá acostumbrar a su gato al transportín para que se sienta más tranquilo durante el trayecto. Lo mejor es dejar el transportín con la puerta abierta en una habitación que el gato suela frecuentar y colocar dentro una toalla blanda. Antes de que pase mucho tiempo, el gato le habrá cogido tanta confianza al transportín que incluso se esconderá en él para dormir alguna siestecita.

Cuidado con las corrientes

Durante el viaje, cuide de que el gato no esté expuesto a las corrientes de aire. Los gatos se resfrían con facilidad si les da la brisa. Durante el verano no hay que dejar nunca a un gato solo en el coche, dado que el interior del vehículo puede calentarse muy rápidamente convirtiéndose en una trampa mortal para el animal.

Federaciones felinas

Actualmente existen muchas federaciones y asociaciones felinas, por lo que es fácil que el principiante se sienta desorientado. Sin embargo, al observar el conjunto de cerca se aprecia una estructura bastante definida, por lo menos en las federaciones más importantes. Y éstas son las que citaremos en nuestro listado.

World Cat Congress (WCC)

La World Cat Congress es una entidad muy amplia formada a su vez por los miembros de otras federaciones. La historia del éxito de la WCC se inicia en 1994, a pesar de que ese evento en principio no lo pretendía. La Associazione Felina Italiana invitó a un congreso que se celebraba bajo el lema de «gatos y personas». Las ponencias artísticas, literarias y científicas hicieron de esa reunión algo único. Naturalmente, también se realizó una exposición internacional y esto hizo que acudiesen importantes personajes de otras federaciones. Allí estaba el presidente de la Cat Fanciers Association (CFA) de Estados Unidos, el Governing Council of the Cat Fancy (GCCF), y finalmente los representantes de la Europa continental: los presidentes de la FIFe y de la World Cat Federation (WCF). Por lo tanto, una oportunidad ideal para reunirse y hablar sobre cómo mejorar la cooperación entre las federaciones.

Se decidió reunirse regularmente para intercambiar opiniones. A esto se añadieron seminarios de veterinaria, mesas redondas sobre temas de actualidad, presentaciones de razas, y también una exposición internacional presidida por los responsables de las principales federaciones internacionales.

El lema del congreso anima a hacer todo lo posible para promover el bienestar de los gatos. Una necesidad que no sólo contemplan los criadores sino también todos los aficionados a los gatos. La World Cat Congress se reúne anualmente y siempre en países distintos.

Fédération Internationale Féline (FIFe)

Como federación mundial, la Federación Internacional Felina representa a casi 40 organizaciones de unos 40 países. Su número de miembros asciende a unos 75.000 amigos de los gatos. Todos los miembros se someten a los estatutos de la FIFe; es decir: los estándares de razas, el reconocimiento de los nombres, el desarrollo de las exposiciones, así como los jueces y los 150 aspirantes a jueces.

Al principio de esta historia encontramos a una francesa: Marguérite Ravel. Esta aficionada a los gatos soñaba con fundar una federación de ámbito europeo para asociaciones felinas que rápidamente alcanzase renombre mundial. Sus esfuerzos se vieron coronados por el éxito: durante una reunión de la Real Sociedad Felina de Flandes (Bélgica), la Sociedad Felina Italiana y la Federación Felina Francesa, que en 1949 reunió a expertos en gatos en la ciudad del Sena, tuvo lugar la fundación oficiosa de la Fédération Internationale Féline d'Europe (FIFE). Más tarde, pasaría a llamarse FIFe.

En ese mismo año, la FIFe organizó su primera exposición en París en la que se presentaron 200 gatos. Los expositores procedían de Francia, Italia, Suiza, Bélgica y Holanda. Actualmente, en la FIFe se reirían de una participación de 200 gatos; a algunas de sus exposiciones acuden hasta 1.400 bellezas felinas de todo el mundo. Pero

Las asociaciones felinas se han propuesto mejorar las razas de gatos y hacer que éstas conserven su salud.

en aquella época, 200 gatos era un resultado más que aceptable.

La fundación oficial de la FIFe tuvo lugar en 1950 en el marco de la asamblea general realizada en Gent (Bélgica). Para celebrar ese acontecimiento, Marguérite Ravel obsequió a cada uno de los delegados una escultura de un gato realizada en piedra arenisca rosa por el artista francés Jean Martel.

La federación creció rápidamente, y con la incorporación del Clube Brasileiro do Gato (1972) salió de las fronteras europeas. Por este motivo tuvo que modificar su nombre pasando de Fédération Internationale Féline d'Europe a Fédération Internationale Féline, que se ocupa de la salud y el bienestar de las razas de gatos.

Actualmente hay 200 jueces internacionales que trabajan para la FIFe, y que se complementan con 20 jueces nacionales. A esto se añaden 150 aspirantes. Cada año se reciben unas 80.000 solicitudes y se registran unos 2.000 nombres. En las 350 exposiciones que se celebran anualmente participan unos 125.000 gatos.

World Cat Federation (WCF)

La World Cat Federation (WCF) la integran 540 organizaciones de todo el mundo. Esta federación radica en Alemania, pero también incluye organizaciones de Estados Unidos. Entre las funciones de la WCF se incluyen:

➤ proteger denominaciones a escala internacional
➤ formar, entrenar y examinar a jueces internacionales
➤ establecer estándares para todas las razas
➤ determinación de reglas y categorías para las exposiciones
➤ establecer contactos internacionales

Cat Fanciers Association (CFA)

La Cat Fanciers Association es la mayor federación de gatos de raza del mundo. Se fundó en 1906 y sus primeras exposiciones se celebraron en el mismo año concentrando a los aficionados en Buffalo y Detroit. La primera asamblea general se celebró en 1907 en el famoso Madison Square Garden de Nueva York. Actualmente la CFA dirige unas 400 exposiciones anuales en todo el mundo. La sede de la CFA está en Manasquan, New Jersey, y ha pasado de ser un despacho para una sola persona a una central de 10.000 metros cuadrados.

Otras federaciones

➤ Governing Council of the Cat Fancy (GCCF)
➤ American Association of Cat Enthusiasts (ACE)
➤ Australian Cat Federation (ACF)
➤ American Cat Fanciers Association (ACFA)
➤ Canadian Cat Association/Association Feline Canadienne (CCA/AFC)
➤ Cat Federation of Southern Africa (AFSA)
➤ Feline Control Council of Victoria, Australia (FCCV)
➤ New South Wales, Australia, Cat Fanciers Association
➤ Cat Fanciers Federation (CFF)
➤ The Traditional and Classic Cat International (TCCI)
➤ Traditional Cat Association (TCA)
➤ The International Cat Association (TICA)
➤ Asociación Felina Española (ASFE)

Cuestionario

¿Un gato se siente feliz a mi lado? ¿Soy una persona para gatos? ¿No está del todo seguro? Entonces rellene este cuestionario antes de decidirse a comprar un gato.

	Sí	No
En su vivienda está permitido tener gatos.	☐	☐
Su familia está de acuerdo con la adquisición de un gato.	☐	☐
Nadie de su familia es alérgico a los gatos.	☐	☐
Está dispuesto a aceptar de la ocupación de su animal durante 15-20 años.	☐	☐
Conoce a alguien que podrá cuidar del gato durante las vacaciones.	☐	☐
Está dispuesto a satisfacer las necesidades de su gato y a poner en práctica los nuevos conocimientos que vaya adquiriendo.	☐	☐
Está dispuesto a invertir dinero en la salud de su gato y acepta los gastos del veterinario.	☐	☐
Le haría ilusión cuidar regularmente el pelaje de su animal.	☐	☐
Sabe que su gato nunca va a serle totalmente obediente.	☐	☐
Usted no es una persona excesivamente escrupulosa con su casa.	☐	☐
Podría tolerar que su armario favorito se llevase algunos arañazos.	☐	☐
Aceptaría que un animal se subiese a su cama.	☐	☐
No le dan asco los pelos, vómitos, orina y excrementos.	☐	☐

Evaluación

➤ ¿Ha contestado más de tres preguntas con un **no**?

Entonces será mejor que vuelva a meditar la adquisición del gato y, si no lo ve claro, abandone la idea.

➤ ¿Ha contestado todas las preguntas con un sincero **sí**? Pues ahora ya nada se opone a que realice sus sueños felinos. ¡Le deseo mucha felicidad con su nuevo amigo!

Morfología general

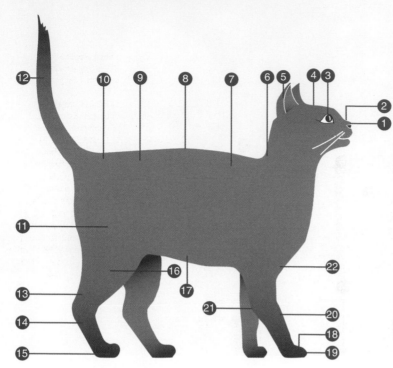

Partes del cuerpo del gato

1. Nariz
2. Dorso de la nariz
3. Ojo
4. Frente
5. Pabellón de la oreja
6. Cuello
7. Región interescapular
8. Espalda (dorso)
9. Lomo
10. Grupa
11. Muslo
12. Cola
13. Corvejón (tarso)
14. Metatarso
15. Dedos del pie trasero (o zarpa trasero)
16. Pierna
17. Vientre
18. Metacarpo
19. Dedos del pie delantero (o zarpa delantera)
20. Antebrazo
21. Codo
22. Brazo
23. Paletilla (hombro)

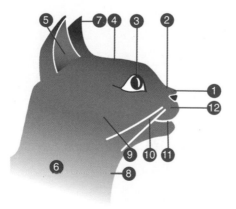

Vista lateral de la cabeza

1. Nariz
2. Cara
3. Ojo
4. Cráneo
5. Pabellón de la oreja
6. Cuello
7. Oreja
8. Garganta
9. Carrillo
10. Labio
11. Comisura de los labios

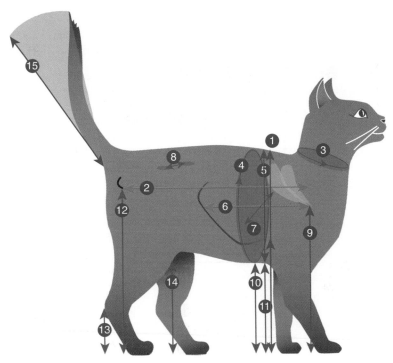

Principales medidas del cuerpo y de los miembros del gato

1. Talla: altura a la cruz
2. Largo del cuerpo
3. Perímetro del cuello
4. Perímetro torácico
5. Altura del pecho
6. Profundidad del pecho
7. Ancho del pecho
8. Ancho de la pelvis
9. Altura de la paletilla
10. Altura del codo
11. Vacío infraesternal
12. Altura punta de la nalga
13. Altura punta del corvejón
14. Altura punta de la rótula
15. Largo de la cola

1. Ticking
2. Chinchilla
3. Shaded
4. Smoke (humo)
5. Gato unicolor (liso)
6. Gato tabby

Glosario

Afijo: denominación que se agrega al nombre del gato e indica el criadero del que proviene.

Agutí: el gen agutí «A» es el responsable de las bandas de color oscuras y claras de cada pelo.

Alazán: color pardo rojizo del Abisinio. En otras razas se conoce bajo el nombre de «canela».

Albinismo: mutación hereditaria de la pigmentación.

Arlequín: variedad particolor en la que el blanco cubre 5/6 del cuerpo. Cola de color, manchas de color en el cuerpo (de tres a cinco) y cabeza, vientre blanco.

Azul (blue): color del pelaje que abarca la gama del gris azulado al gris pizarra.

Azul crema (blue cream): pelaje tortuga donde los colores azul y crema deben estar presentes en igual proporción, en una mezcla perfecta.

Bicolor: pelaje mezcla de blanco y cualquier otro color.

Blotched tabby: pelaje tabby veteado o manchado, clásico; anchas rayas oscuras que forman vetas circulares en los flancos, un ala de mariposa en la paletilla y tres franjas que van en la línea de la columna vertebral desde la cruz hasta la base de la cola. Los anillos de las patas y cola son anchos y espaciados. La «M» frontal, las líneas paralelas del cráneo y las del cuello son anchas. El vientre es manchado.

Bombachos: pelaje de la parte trasera de las extremidades posteriores, más largo que el resto.

Break: ángulo entre la nariz y la frente.

Calcetines: ver Guantes.

Calico: término para designar la variedad de color tortuga y blanco (tricolor),

Camafeo: ver Cameo.

Cameo: variedad de tipping silver (shaded o shell) donde los pelos tienen la punta de color rojo o crema.

Canela (cinnamon): pelaje de color miel, pardo rojizo. En el Abisinio este color se conoce como sorrel (alazán).

Capa: el concepto de capa comprende el pelo (textura, longitud, etc.), el color del pelo y la disposición de las zonas coloreadas o no coloreadas.

Carey de tortuga: ver Tortuga.

Cattery: criadero para gatos de raza.

Chinchilla: denominación que recibe el Persa con un tipping silver shell consistente en pelos de color silver (blanco plata) con puntas negras. En sentido amplio, también se aplica a todos los gatos Persas shaded y shell con coloración silver y golden.

Chocolate: pelaje de color marrón pardo bastante claro.

Collar: rayas, continuas o discontinuas, en la parte superior del pecho en las variedades tabby.

Color salvaje (ruddy): el color de base es de albaricoque oscuro a naranja oscuro; ticking negro.

Colourpoint: gato con cuerpo de color claro y points de color más oscuro en la máscara, orejas, patas y cola.

Consanguinidad: apareamiento de ejemplares emparentados (de una misa familia). Permite fijar rápidamente los caracteres de una nueva raza.

Consanguinidad: cruzamiento de animales estrechamente emparentados (hermanos, o padres e hijos) con la finalidad de fijar determinados caracteres.

Crema (cream): pelaje de color beige muy pálido.

Cromosomas: portadores de la carga genética.

Cuneiforme: cabeza de líneas rectas, con planos que van de la base externa de las orejas hasta los costados del hocico. Cráneo chato, nariz recta. Rasgos angulosos de la cara en forma de cuña.

Defecto: toda imperfección importante con respecto al estándar de la raza y a sus cualidades específicas.

Depresión nasofrontal: ángulo entre la nariz y la frente (ver break y stop).

Dibujo fantasma: dibujo tabby poco claro que aparece en los gatos no-agutí.

Diluido: versión más clara de un color básico.

Displasia de cadera: deformación patológica de la articulación de la cadera.

Diversidad genética: conjunto de las variaciones de los genes de una población.

Dominante: un factor hereditario dominante es el que impone su carácter sobre los recesivos.

Dorado (gold o golden): pelaje de color albaricoque dorado.

Endemismo: referente a la especie que se encuentra solamente en determinada zona geográfica.

Entero: animal que no está castrado.

Eye-liner: líneas oscuras alrededor de los ojos.

Fawn: pelaje de color beige claro (gamuza). Dilución de canela, beige, pálido, sable rubio, ligeramente gris rosado.

Fenotipo: aspecto externo.

Feromonas: sustancias aromáticas que influyen en el comportamiento de los animales.

Flama: marca, con frecuencia blanca, que va desde la mitad de la frente hasta la nariz.

Gafas: zona más clara alrededor de los ojos en un gato con máscara de color.

Generación F1: primera generación filial.

Genotipo: conjunto de la carga hereditaria de un organismo.

Gorguera: masa de pelos alrededor del cuello, más largos que el resto del pelaje.

Guantes: zonas blancas que cubren los pies de algunas razas, sin sobrepasar los corvejones.

Híbridos: descendientes de un cruzamiento de dos razas.

Kennel: instalaciones de cría.

Lanoso: se dice del pelaje con aspecto de lana.

Lila (lilac): pelaje de color gris glaciar con una ligera tonalidad rosada, o beige rosa pálido. Color raro.

Mackerel tabby (tabby tigre): pelaje tabby atigrado; las patas, cola y collar tienen anillos de rayas finas y apretadas. La «M» frontal, así como las líneas del cráneo y cuello son continuas, apretadas y bien paralelas. Una única raya sobre la línea de la espalda. Rayas finas y paralelas, perpendiculares a la línea de la columna vertebral, que terminan en el vientre.

Manto: ver Pelaje.

Marca de escarabajo: típica marca en forma de «M» sobre la frente de muchos gatos tabby.

Marcas distales: ver Points.

Marcas residuales: marcas tabby visibles en los ejemplares jóvenes de color liso (unicolor), que desaparecen con la edad.

Marcas: dibujos o rayas normalmente más oscuras que el color de fondo del pelaje.

Máscara: pelaje oscuro en el ámbito de la cara, que abarca la nariz, bigotes, mentón, contorno de los ojos y termina entre las orejas.

Mink: pelaje resultado de la acción de los genes «point» y «sepia» sobre el gen «liso»; el gato presenta colores más intensos en los points y la espalda, siendo el cuerpo y las partes inferiores más claras.

Mutación: alteración de la herencia genética.

No-agutí: el gen no-agutí «aa» es el responsable del pelaje unicolor (liso).

Odd-eyed: gato con ojos dispares (de diferente color), uno azul y otro de color cobre.

Particolor: pelaje formado por dos o más colores.

Pechera: pelaje de la zona del pecho, más largo que el resto.

Pelaje: pelo del gato, con sus diferentes calidades (color, fineza, textura, densidad, longitud, etc.). Se distinguen varias categorías de pelo:
– Pelos de cobertura o guarda: pelos gruesos y pigmentados, abundantes en las partes superiores del cuerpo.
– Pelos de barba: localizados en la extremidad acodada y terminados en punta.
– Pelos intermedios: pelos finos y ondulados en la base, función de protección.
– Pelusa, vello o subpelo: pelos finos y ondulados, muy densos, que tienen una función de aislante térmico.
– Pelos táctiles: bigotes y vibrisas.

Pelusa: pelo fino y velloso pegado al cuerpo, debajo de los pelos de cobertura, que proporciona un buen aislamiento térmico. Es más o menos abundante según la raza.

Pincel: mechón de pelos en la punta de las orejas (tipo lince).

Pinch: demarcación profunda entre los carrillos y el hocico.

Points: marcas coloreadas más oscuras en la cara (máscara), orejas, patas y cola.

Portador de un carácter: individuo que puede transmitir la herencia de un determinado carácter aunque él mismo no lo manifieste.

Progestágenos: hormonas que regulan la gestación.

Recesivo: un carácter recesivo es el que queda oculto por un dominante y no se manifiesta.

Rojo (red): pelaje de color rojo. Es el único color ligado al sexo en los gatos.

Seal: pelaje de color marrón oscuro (marrón «foca»).

Shaded: pelaje con tipping que cubre 1/3 del largo total del pelo. La base del pelo es plateada o dorada.

Shell: pelaje con tipping que cubre 1/8 del largo total del pelo. La base del pelo es plateada o dorada. Un gato shell es más claro que un gato shaded.

Silver (plata): pelaje de color plateado. Pelaje con tipping coloreado en una capa blanca. Si el término «silver» no está precedido de un color, se refiere a que el tipping es negro.

Smoke cameo: pelaje smoke de pigmentación roja a naranja.

Smoke: pelaje en el que la mayor parte de los pelos es de color, con la base blanca o clara. El tipping afecta a 2/3 del largo total del pelo.

Solid: ver Unicolor.

Sorrel: denominación del pelaje canela (cinnamon) utilizada en el Abisinio.

Spotted tabby: pelaje tabby moteado; patas y cola con anillos de rayas finas y apretadas. La línea de la columna vertebral puede presentar manchas alineadas o líneas paralelas. Flancos, espalda y muslos con manchas de tamaño y forma variable, preferiblemente redondas y regulares (como las del leopardo). Vientre manchado.

Stop: depresión nasofrontal, curvatura de la línea de la nariz.

Subpelo: ver Pelusa.

Tabby point (lynx point): término utilizado en EE.UU. para designar al gato de color cuyos points son coloreados con marcas tabby.

Tabby: los gatos tabby poseen un pelaje marcado con rayas, vetas o motas oscuras sobre fondo claro. Todos los dibujos son nítidos, puros, bien definidos e iguales en ambos lados. Se distinguen: blotched tabby (clásico), mackerel tabby (atigrado), spotted tabby (moteado), ticked tabby (pelaje del Abisinio). Los tabby existen en todos los colores.

Ticked tabby: pelaje tabby característico del gato Abisinio.

Ticking: rayas de color en un mismo pelo, alternadamente claras y oscuras; pueden haber de tres a cinco bandas distintas.

Tipping (tipped): sólo la punta (tip) del pelo es de color. La base del pelo está despigmentada y es clara (blanca, plateada o dorada), mientras que la punta tiene una pigmentación oscura. Según la proporción de la parte oscura sobre el largo total del pelo, se distingue:

– Shell: tipping que afecta a 1/8 del largo total del pelo.

– Shaded: tipping que afecta a 1/3 del largo total del pelo.

– Smoke: tipping que afecta a 2/3 del largo total del pelo.

Torbie: pelaje tortie (tortuga) y tabby. Sólo se da en las hembras.

Tortie: ver Tortuga.

Tortuga (tortie, tortoiseshell): pelaje mezcla de rojo y negro (tortuga negro), azul y crema (tortuga azul), chocolate y rojo (tortuga chocolate), y lila y crema (tortuga lila). El color que aparece tras el término «tortuga» es el de la base de los pelos. Distribución irregular pero armoniosa de las manchas; los dos colores están bien definidos y repartidos por todo el cuerpo. En principio, este pelaje sólo existe en las hembras.

Tricolor: torties y torbies con manchas blancas (mín. 1/3, máx. 1/2); las partes blancas y de color se distribuyen de forma armoniosa.

Una capa es doble cuando está formada por pelo de cobertura (capa superior) y pelusa (capa inferior).

Unicolor (solid, sólido): pelaje de color liso; todos los pelos son del mismo color desde la raíz hasta la punta.

Van: variedad particolor en la que todo el cuerpo es blanco excepto la gorra (capuchón que engloba los ojos y la base de las orejas) y la cola, que son coloreadas.

Índice alfabético

A
Abisinio, 38
American Curl, 18
Anatoli, 92
Angora Turco, 32
Ano, 112
Antirrábica, 108
Anuncios, 107
Apareamiento, 24, 41, 46, 52, 88, 88, 122
Árbol genealógico, 6
Asian, 104
Asociaciones, 25, 106, 117, 118
Australian Mist, 104
Azul Ruso, 64

B
Balinés, 78
Bengalí, 40
Bobtail de las Kuriles, 75
Bobtail Japonés, 74
Bombay, 94
Brasileño de pelo corto, 104
Británico de pelo corto, 42
Británico de pelo corto azul, 48
Britannica, 90
Burmés, 44
Burmilla, 46

C
Castración, 8
Cat Fanciers Association (CFA), 14, 66, 85, 117, 118
Ceilán, 102
Celo, 8
Celta de pelo corto, 105
Cepillos, 108, 110
Champú, 111
Chartreux, 48
Contrato, 107
Contrato de compra, 107
Contrato de protección 108
Cornish Rex, 50
Cría, 7
Criadores, 107
Cuestionario, 120
Cuidado del pelaje, 110
Cuidados básicos, 113

D
Dentadura, 112
Descendencia, 8
Desparasitar, 108
Devon Rex, 52
Dientes, 112
Don Sphynx, 104

E
Equipo básico, 108
Europeo de pelo corto, 56

F
Exotic Shorthair, 14
Exótico de pelo corto, 14
Exposición, 106
Exposiciones felinas, 106

F
Federaciones, 117
Federaciones felinas, 117
Fédération Internationale Féline (FIFe), 8, 118

G
Garantía, 108
Gato de bosque de Noruega, 22
Gato mapache, 20
Gatos con máscara, 31
Gatos de pelo semilargo, 6
Gatos domésticos, 6
Gatos sin cola 74
German Rex, 58

H
Highland Fold, 89
Highlander, 90
Higiene, 110

J
Javanés, 80

K
Kanaani, 96
Korat, 60

L
Lowlander, 90

M
Maine Coon, 20
Mantenimiento, 108
Mantenimiento del gato, 108
Manx, 75
Marcar, 8
Mau Egipcio, 54
Moquillo del gato, 108

N
Nebelung, 90
Neva Mascarade, 30

O
Ocicat, 62
Orejas plegadas, 86
Oriental de pelo corto, 82
Oriental de pelo largo, 80
Orientales, 80
Otras razas WCF, 104

P
Peine, 113
Persa, 12

Peso, 20, 58
Peterbald, 105
Polvos, 111

R
Ragdoll, 24
Razas reconocidas por la WCF, 86
Razas sin cola, 74

S
Sagrado de Birmania, 26
Scottish Fold, 88
Seguridad, 117
Selkirk Rex, 98
Semental, 8
Sexo, 7
Siamés, 84
Siberiano, 28
Singapura, 105
Snowshoe, 66
Sokoke, 68
Somalí, 70
Sphynx, 72

T
Thai, 100
Tipo, 5
Título, 66
Tonkinés, 105
Transportín, 117

U
Uñas, 114

V
Vacunas, 108
Van Turco, 34

W
World Cat Congress 117
World Cat Federation (WFC), 8, 118

Y
York, 104

Título de la edición original: **Katzenrassen**.

Es propiedad, 2006
© **Franckh-Kosmos Verlags-GmbH & Co.**, Stuttgart.

© de la traducción: **Enrique Dauner.**

© de la edición en castellano, 2006:
Editorial Hispano Europea, S. A.
Primer de Maig, 21 - Pol. Ind. Gran Via Sud
08908 L'Hospitalet - Barcelona, España.
E-mail: hispanoeuropea@hispanoeuropea.com
Web: www.hispanoeuropea.com

Depósito Legal: B. 37288-2006.

ISBN-10: 84-255-1684-6.
ISBN-13: 978-84-255-1684-9.

Consulte nuestra web:
www.hispanoeuropea.com

IMPRESO EN ESPAÑA   PRINTED IN SPAIN
LIMPERGRAF, S. L. - Mogoda, 29-31 (Pol. Ind. Can Salvatella) - 08210 Barberà del Vallès